「葬祭サービス」の教科書

—メモリアル・バンケットという新しい旅立ち—

日本葬祭アカデミー教務研究室

代表　二村祐輔　著

コーディネーター　遠山詳胡子

はじめに

　新型コロナウイルスの蔓延は、世界を大きく変え、これまでの普通の暮らし方にも変化をもたらしました。

　伝統的な慣習や慣例への対応にも変化が求められ、それは人生の総括である葬祭の分野にまで及んでいます。故人との別れやその後の追悼の形が極めて簡略になっている一方で、もう少しその人らしい旅立ちができないものかと悩む人も多いのが現状です。

　本書は、新しい生活様式に合わせながら、そこに参集する人に心から哀悼や追想を巡らしていただくための場として、飲食を交えた「宴会」を考察するものです。

　葬儀社の役割である「遺体対応」は葬祭のごく一部の業務であり、社会的な意味合いを持つ「葬祭」全体にも大きな施行意義があります。にもかかわらず、これまでその提案がされることは少なく、結果としてその需要を見過ごされてきました。

　「メモリアル・バンケット」はこれからの葬祭ビジネスの中で、大きな位置づけをなすものです。特に「おもてなし」のサービスに精通したホテル・会館・バンケットの関係者にはそれを十分に担う実力があり、社会的にも新たな業務役割が果たせると信じています。

日本葬祭アカデミー教務研究室

代表　二村　祐輔

●目次●

第7章　クレーム対応……………*131*

第1章

「葬祭サービス」の基礎知識

人生50年と言われた時代がありました。

今や平均寿命は大きく伸び、その50年さえ「人生の折り返し点」と言われるほどの長寿社会です。

確かに定年延長や第二の人生の過ごし方も大きな関心事ですが、高齢・長寿社会ではさまざまな問題を多くかかえた生活や福祉など、社会的な対応が重要な課題となっています。

「寿命」という概念を一定の生存期間とすれば、人生の生命的な時間を延ばしたかもしれませんが、必ず「死」を迎えることに変わりありません。

本来は誰もが避けえない「死」の事前準備をしておくことこそ、人生の礼儀ではないかと考えているところです。

定義と共有

ここでは、知っておくべき葬祭にかかわる基本的な業務と用語を解説します。これは自分だけの知識ではなく、スタッフ同士で共有することに意味があります。

葬祭にはいろいろな言葉遣いがなされ、それがまた地域風土による慣用的な言い方もあります。特に葬式、葬儀、告別式の言葉は専門の葬儀社でも区別のついていないことが多いものです。そのために一定の言葉の定義を共有しておかなければなりません。この教科書もこの定義にもとづいて構成されています。

葬祭だけに聞きなれない言葉もありますが、基礎知識としてぜひ把握しておいてください。

葬儀社の業務

　葬儀社の一般的な業務を、流れに従って説明していきます。

●逝去から安置

　現代では、死去の場所の多くは病院などの施設であり、自宅ではほとんどないのが現状です。

　病院で亡くなると処置を施され、いったん霊安室に安置されます。そこで葬儀社を手配して、遺体の搬送と安置、保管、その後の葬式などを委託することがほとんどです。

　搬送先は故人の住み慣れた自宅などではありません。その多くが葬儀社の斎場ホールなどへ搬送され、安置室や保管室など専用施設を有しているところでは、そこで保管されることになります。

●納棺と通夜

　施行の日取りの打ち合わせや、訃報連絡などをした後、遺体は棺に納められます。お葬式は、葬儀社所有の斎場ホールや火葬場併設の式場でなされるのが、一般的です。

　通常、お葬式の前日には「通夜」が営まれます。この通夜施行については、いろいろな施行目的が論じられています。

　一つは「死」が確定的なものではなく、時間の幅をもって認知されていくものであり、その見届けのための慣習から夜を徹する通夜になったというものです。今でもお線香やローソクの火を絶やさないで、夜とぎをして故人を見守るという慣習が残存しています。

　もう一つは、お葬式自体を「夜」に営んでいた名残ではないかと

いう説です。神仏、あるいは霊魂などに対する儀礼儀式の多くが夜をメインに営まれてきた経緯から、お葬式自体が日没後になされ、いわゆる「焼き場」への移動なども夜間に行われている情景が、江戸落語の中のネタにもいろいろあります。土葬の場合は明るいうちでないと困難だと思いますが、それでも日没を意識した事例もあるのでその点は不明としておきます。

　最近は少なくなりましたが、「白木祭壇」でのお葬式施行では、玄関に「提灯」、祭壇上には「行燈（あんどん）」や「雪洞（ぼんぼり）」、そしてローソクなどがあり、これらすべて「照明用具」です。そんなところからもお葬式が夜に営まれていたことが「正統」ではなかったかと思っています。慣例では、ここで「通夜振る舞い」として食事や飲み物が供されます。地方によっては、茶菓子が振る舞われることもあります。

●葬祭

　葬祭とは、死者供養であるお葬式と、その後のお墓参りなど先祖祭祀（さいし）を合わせた一語です。

　最近では、これを総称して「エンディング」という場合もありますが、ここでは「葬祭」を使用します。

　葬祭には、その時々に多くの会食場面が伴うので、それを念頭に覚えることが大切です。

●葬式

　葬儀と告別式を合わせて省略した言葉で、丁寧に「お葬式」と言います。フューネラル（funeral）という英語もありますが、一般には馴染んでいません。

　葬式は、「葬儀」と「告別式」から成り立っています。

　「葬儀」は葬送儀礼として遺体と魂を扱う部分で、儀式つまりリチュアル（ritual）の要素が多く求められます。

それに対して「告別式」は、社会的対応としての式典つまりセレモニー（ceremony）ということになります。

●葬儀

「葬送儀礼」を省略した言葉で、遺体への対応と魂への習俗的・宗教的な儀礼施行です。

「葬送」とは、遺体への習俗儀礼または宗教儀礼です。字のごとく葬り送るということで、主に遺体の取り扱いについて、その対応を表した言葉です。具体的に納棺や火葬などがあります。

「儀礼」は、神・仏・霊魂等に対する、習俗的な儀式や宗教的な儀式を表します。目に見えない存在に対して行われるため、極めて呪術的で非合理的です。象徴的な所作や装置を介し、時間と空間を定め、日常空間から切り離されて施行されます。祭祀は、原則として宗教者やそれに準ずる者によって行われます。

この「儀礼」の集合したものが、一連の「儀式」です。

葬儀の８割以上は仏式施行ですが、神葬祭（神道）やキリスト教式もあります。作法や目的は、宗旨・宗派によって異なります。

●告別式

告別のための「式典」で社会的対応の行事全般を指しています。

式典にはセレモニー（ceremony）という言葉が適切です。

告別式の目的は、葬儀とは異なります。

その目的は、以下の３つです。

１．故人生前の社会的関係性

２．遺族の社会的関係性

３．社会から故人に対する社会的関係性

「死という節目」に際し、この３要素が相関的に対応していく催し

が、告別式です。そのため、告別式の役割は以下のようになります。

1．故人生前時の社会的・対人的関係を確認すること

（社会と世間）

2．遺族（遺された家族など）の故人生前時、また逝去後の社会
的・対人的関係の確認や更新、あるいは感謝を示すこと

（表明と謝意）

3．社会から故人・遺族に対する追悼・感謝の念を伝えること

（報謝と表彰）

このように告別式は、社会的・対人的関係性を対象にした催事で
あるため、本来は宗教や習俗慣例、遺体や遺骨、位牌など霊的なも
のとはまったく関係がありません。

そこを取り違えないようにしてください。

儀式・儀礼＝神仏・霊魂などに対する行いごと

＝目には見えない存在

式　典＝人や社会に対して行うもの

＝目に見える実態としての存在

●火葬と還骨

都会においては、葬儀・告別式の後に火葬という流れが一般的で
す。しかし地方によっては、先に火葬をしてお骨で葬儀・告別式を
行う慣例もあり、それを「前火葬」あるいは「骨葬」と呼んでいま
す。あらかじめ指名された方々が火葬場に同行して、火葬に立ち会
います。

火葬場では、個別の待合室で約1時間待ちますが、通常は茶菓子
で時間を過ごします。ただ地方によっては、この間に火葬場で会食
する、火葬場に行く前に会食する、いったん葬儀社の斎場ホール等
に戻って会食をして時間になると遺族のみが遺骨の引き取りに出向
く、などの慣例があります。

　一般的には、収骨（お骨上げ）後、斎場ホールへ戻り、還骨法要、繰り上げての初七日法要などを済ませ、ホールの会食室などで「お浄めの会食」（地方名称がいろいろある）がなされます。

　火葬場からの帰りがけにホテル・会館やバンケット専門の料理店、あるいは通常のレストランなどを貸し切り、遺骨、遺影、位牌を持ち込んで宴席をすることも珍しくありません。

法事

　回忌法要は、宴席として見逃すことができないバンケット要素でもあります。

　菩提寺での法事やお墓参りの後の「会食」は、珍しくありません。また、その会食の場で宗教者による追悼の儀式（追悼供養の式など）がなされることもあります。

　仏式葬儀の慣例では、逝去後7日ごとに追善供養の法要が営まれ、初七日から七七日忌（49日忌）までを「忌中」と言います。

　その後百ケ日忌があり、一年後の没日と同じ日（祥月命日）に一周忌法要を営みます。ここまでの期間が「喪中」です。

　没後2年目には3回忌法要を営みます。これは胎内期間を含めて「数え年」で換算して行うという説が多く信じられているからです。

　その後7回忌、13回忌、17回忌、23回忌、27回忌と継続した供養期間があり、習俗的には33回忌をもって「弔い上げ」として供養が終了となります。ただし宗旨、宗派によっては、50回忌、100回忌などを営む場合もあります。

一般的な葬祭用語

葬（ほうむる）　主に遺体の取り扱いと対応　葬法

弔（とむらう）　死者の魂に対してなされる対応や所作　儀礼行為

忌（き）　一定期間の慎みと哀悼　回忌法要など

喪（も・そう）　一定期間の慎みと追悼を示し表すこと　喪中・服喪など

斂（れん）　遺体に衣類をまとわせ、棺に納める行為　斂葬

棺（かん）　遺体を納める容器

柩（きゅう）　棺に遺体が納まっている状態

死体　死んだ人の体

遺体　魂から見て遺された体

喪主　故人の追悼、供養のための中心的祭祀施行の責任者

施主　各種催事や儀式における施行支援の中心的な存在

死者供養　葬儀における葬法と儀式による対応

供養　故人の魂を育み、死霊から精霊、先祖、祖霊化させる営み

先祖祭祀　先祖供養・お墓参り・年忌法要・季節行事の祖霊祀り

弔吟（ちょうぎん）　故人を偲んで吟じる詩吟のこと

献灯（けんとう）　祭壇に灯りを献ずる

献花（けんか）　故人に花を手向ける　白が基本だが今は自由

献奏（けんそう）　故人に音楽の演奏を献ずる　弦楽が良しとされている

献詠（けんえい）　故人に詩歌を献上して朗詠する

陰膳（かげぜん）　会食の料理と同じものを霊前に供えるお膳

浄め・清め・精進落とし・お斎（とき）・仕上げ膳

　　　　儀式後の共同飲食　神道では「直会（なおらい）」ともいう

　　　　地域の通称名称や目的で呼称が異なる

宗教的な用語

宗教用語は、打ち合わせなどでは必ず出てきます。

宗旨	その宗派の基本的な考え
宗派	宗旨を異にしたいろいろな宗教的区分
禅宗	曹洞宗、臨済宗など「禅」の宗派を表す
題目	南無妙法蓮華経のこと　日蓮宗のみが使用する言葉
念仏	南無阿弥陀仏のこと
	一般的には日蓮宗以外の宗派を指す
仏具	寺院家庭での仏事用具や用品、仏壇そのものを指すことも
位牌	故人の魂の依り代
	葬儀時には白木、仏壇には塗り位牌
遺影	故人生前の写真
	最近は遺影の代わりに遺品を展示することもある
名号 <small>みょうごう</small>	南無阿弥陀仏と揮ごうされたもの
	衝立状や屏風状の小さなもの
本尊	宗派のもとになる仏像や軸、宗派創設した祖師の尊像など
曲録 <small>きょくろく</small>	法会の際などに僧が用いる椅子<small>いす</small>
法事	逝去後の供養行事全体（年回忌など）
法要	法事の中で特に仏教的な儀礼部分（読経・焼香）
法会 <small>ほうえ</small>	寺院行事としての集まり
回忌	逝去の年から回数ごとに重ねる追悼の法要
周忌	逝去の年から年数ごとに重ねる追悼の法要
葬具	葬儀のみに使用するための用具　原則は使い捨てのもの
法具	僧侶が法会、法要で使用する用具　僧侶日常の儀式用具

お葬式全体の俯瞰的変化

　高齢多死社会と言われる現在、死亡者数は2045年くらいまで増加が続きます。

　厚労省の2017年（平成29年）人口動態推計では、死亡者数は134万4000人、それが2040年には約167万人を超え、その後にピークを迎えるという予測です。（厚生労働省「人口動態統計」と国立社会保障・人口問題研究所「日本の将来推計人口推計」より）

　現実に、葬儀における実務対応としての「火葬」の件数は比例して増加しています。

　しかしながら、死者すべてが「お葬式」を営んでいるわけではありません。特に社会的対応としての「告別式」の施行件数やその規模の拡大がそこで予測されているわけではないのです。

　葬祭ビジネスの大きな盲点がそこにあります。多大な需要を見込んで葬祭業に異業種参入が相次いだのも、これらの安易な見通しがあったからです。

　現代葬祭の変化の背景には、葬式やその後の供養に対する社会的な価値観や故人追悼に対する私たちの気持ちの変化などが大いにあり、追悼の意識や感性が確かに変わりつつあるのを感じます。

　また伝統的な葬儀の意味と目的は、現代の葬儀のそれとは大きく乖離してしまいました。

　例えば仏教の伝統的葬儀の目的は「成仏」であり、現代的葬儀の目的は「お別れ」にあります。

　伝統葬儀では、故人を中心にして同心円状に遺族や親族、社会（地域共同体）が一丸となって施行にかかわります。それを寺院（菩提寺）や僧侶が司祭し、その支援は世話役などの地域共同体が担います。よって、専業葬儀社はそれらの指示や要請によって動く、

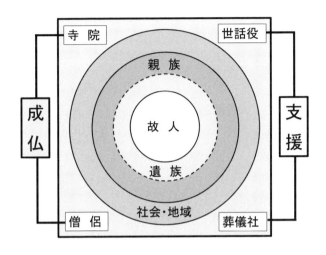

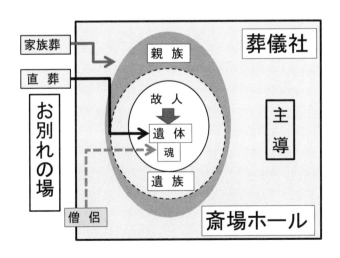

図：伝統葬儀（上）と現代葬儀（下）

あくまでも裏方的な職域でした。

　現代葬儀では、概念的にいびつな楕円となり、故人や遺族・親族などいわゆる近親者が中心になり、葬儀施行全体を葬儀社の専業として委託するようになりました。同時に、その施行の場も葬儀社の斎場ホールになりました。

　それに伴い、現代の葬儀社はこの施行を主導的に執り行い、そこでは葬祭ビジネスの要素としての「葬祭サービス」が顕在化しました。つまり葬祭業務は、サービス業の中に組み込まれるようになったのです。

　その利益率の高さから、かつては忌避感の強かった職域でしたが、多くの異業種が進出して現在に至っています。

　けれども、現状は施行規模の縮小が著しく、いわゆる「家族葬」が施行トレンドとして浸透しています。「直葬」と呼ばれる、火葬（遺体対応）のみを行う施行も、時勢として通例化してきました。

　このような小規模葬儀では、故人との「お別れ」が身近な人だけでなされ、斎場ホールは「お別れの場の提供」となり、そこに人的なサービスが求められ始めてきました。

　また、サービスの一環として葬儀社が「僧侶の読経」にも対応するようになり、これまで主導的な司祭であった宗教者の位置づけが極めて軽々しいものになってしまいました。

　こうした状況を眺めると、メモリアルの深層にある私たちの「霊性」が希薄になったのではないかと懸念されます。これは日本人の「死生観」の変移でもあり、前世代が当たり前のように使っていた言葉としての「鎮魂」や「成仏」の概念が、表面的には喪失してしまったかのようです。

　しかし私たちの持っている葬送に対する基層的な意識としては、

実務的に遺体を遺骨化するだけでは、何か満たされない不安が付きまとっています。

　葬祭における通過儀礼は、逝去後も綿々と続きます。納骨以降も年忌法要が長きにわたって営み続けられた経緯があります。

　そしてそこには慣例的な儀式の「食」があり、それは「会食」として常に社会的な関係性を有して行われてきた人生の習慣の場でもあります。

　そのような「会食」をあらためて価値づけていくことで、遺された方々の想いや社会的な関係性が、更新されていくのではないでしょうか。

●現代的な様相

　現代のお葬式は、「葬儀」と「告別式」が、主に1時間という時間枠の中で同時進行されます。またその前夜を「通夜」と称し、全体では逝去後、おおよそ3日～5日間くらいでお葬式は終了します。

　多くの場合、身近な人の死は突発的であり、緊急的であることも多く、戸惑いや悲しみの中で慌ただしくお葬式の営みを果たしているのが現状です。

　一般的に、お葬式を施行する喪主の経験値はほとんどありません。そうなると葬儀社の言われるままに滞りなく事を進めるのが喪主にとって最大の成就となってしまい、故人の追想や自身の哀悼、また社会的な配慮などは二の次に押しやられてしまいます。

　ここに、現代葬儀の問題点が散見できます。

　現在のお葬式概要は「形骸化」と「惰性化」の中で均一化されています。そして故人の人生というもっとも大事なことが見過ごされた状況で施行されてしまうのです。

　そしてますます没個性化したお葬式の施行価値が見失われていくという、悪循環が起こっていきます。

伝統的な葬儀

仏式葬の式次第と飲食

　伝統的な葬儀は、宗教の葬儀式次第にもとづいて行われます。なかでも仏式葬は日本ではもっとも一般的な葬儀で、全体の９割近くが何らかの仏教的な作法に準じて行われています。ただし、大都市部ではこの割合が少なくなります。そこではキリスト教式や特に無宗教式の葬儀が増えつつあります。

　しかし仏教は、葬祭だけでなく年中行事や季節行事の習俗とも深くかかわっていることから、葬祭バンケットにおいてもこの観点は見過ごせません。

　もっとも代表的な仏式葬の式次第を具体的に提示しました。

　以下は一般的な式次第です。

　火葬を通夜の翌日、葬儀に先駆けて行う前火葬地域もあります。その場合は順番が前後することもありますので、地元の地域慣例を知っておくことも大切な知識です。

　この式次第を把握することで、葬式だけでなく通夜や葬式後の「会食」の目的や課題が見えてきます。メモリアル・バンケットの主体的な課題になりますので、会食に至るまでのプロセスをぜひ理解してください。

　なお、式次第は宗旨・宗派により異なるので注意してください。
　項目名称も、各宗によって異なります。
　◎印は、「食」とのかかわりです。

逝 去	主に病院で逝去し、

寝台自動車により安置場所へ移送されます。
安置場所は自宅、斎場ホール、
その他（火葬場併設の安置所など）

↓

枕 経	菩提寺等に死去の一報があると、

住職が駆けつけ枕元で読経します。
最近は省略されることが珍しくありません。
葬儀社との打ち合わせをします。

◎枕机に枕御飯（一膳飯）や米粉の団子などを供えます。
　お水やお茶も供えます。宗派によって禁忌、作法があります。

≪通夜勤行≫

　翌日または数日後に開催される葬式の詳細（日時、場所、宗教、連絡先など）が決まると、訃報連絡をします。
　最近は近親者のみで内々で済ませる傾向がありますが、後日いろいろな問題が出てきています。
◎通常は「弔問者」（式への会葬者と区別して使用しています）を「通夜振る舞い」の席に案内します。「お浄め」（お清め）の席ということが一般的ですが、浄土真宗では「浄め」という言葉を使用しませんので、単に「お席」という方が無難です。
　現代では弔問者に対する接待的な会席と捉えられています。終了にあたって、弔問御礼の挨拶が喪主からなされることもあります。また翌日の式の案内などもなされます。
　通常、席次はあまり気にされません。会場ではなるべく詰めて着席されるようご案内します。

≪葬儀勤行≫

◎親族近親者の朝食や昼食などが準備されます。
　通夜翌日行われる、葬儀の中心的儀式です。
　僧侶は「導師」として司祭します。
　随僧として複数の僧侶が臨席することもあります。

| 導師入場 | 導師入場　会葬者一同、起立平頭して合掌にて導師をお迎えします。 |

⬇

| 開　　式 | 司会者が開式のご案内（正式には宣言）をします。 |

⬇

| 読　　経 | 各宗派によって葬儀式次第は異なります。 |

⬇

| 引導作法 | 葬儀式の中心的行事で、宗派により呼称が異なります。 |

⬇

| 導師焼香 | ここまでが、おおむね葬儀式の区切りとなります。 |

この後、弔辞の拝受や弔電の拝読などを行う場合もあります。

≪一般告別式≫

ここから一般会葬者のお焼香になりますが、進行はさまざまです。

| 読　　経 | 一般的に回向（えこう）と言われるものです。 |

⬇

| 一般会葬者焼香 | 着席順など、係員の案内によって進み出ます。 |

⬇

| 導師退場 | 会葬者一同、起立平頭、合掌にて導師を見送ります。 |

↓

| 閉　　式 | 司会者による閉式のご案内で、葬式が終わります。 |

↓

| お別れ | 柩のふたを開けてお花を入れて、お別れをします。 |

↓

| 喪主挨拶 | 出棺に先立ち、
喪主や親族代表が会葬御礼の挨拶をします。 |

↓

| 出　　棺 | 柩を霊柩車にのせて、火葬場へ向かいます。 |

↓

| 荼　　毘 | 僧侶同行の場合は炉前で読経があります。 |

◎火葬中、時間短縮のため繰り上げてここで会食をするケースも
あります。

↓

| 収　　骨 | いわゆる「お骨上げ」です。
竹と木の長箸で一つの骨をはさみ合いするなど、
根強く地域慣例が残存しています。
収骨容器もさまざまです。 |

↓

| 還　　骨 | 斎場ホールなどの宴席会場などに、
遺骨・遺影・位牌を安置します。
通常は真ん中に位牌を配します。 |

↓

| 繰り上げ法要 | 初七日法要を式中や式後に
繰り上げてなされることが一般的です。 |

以上、代表的な仏式葬の式次第を具体的に提示しました。
◎この後の「精進落とし」や「お斎」が最大の宴席となります。

～葬儀と告別式～

　葬儀と告別式は同時進行されていることも多く、葬儀式の最中でも一般会葬者をお焼香させるような禁則的な式次第を、平然と行っている葬儀社もあります。このため遺族は葬儀にも告別式にも集中できなくなっています。このような形骸化した慣例が浸透し、著しくお葬式の価値を貶めました。

～火葬中～

　この火葬中に、繰り上げて会食するものは「精進落とし」や「お斎」などの慣習なのか、また昼食代わりの飲食接待なのか、その目的は不明です。これらの形骸化した地域慣例も意味なく踏襲している地域もあります。限られた時間の中での慌ただしい飲食提供では、その価値が問われます。

　これも見直すべき惰性的慣例の一つです。

神葬祭の式次第と飲食

　神社系、教派系またはそれぞれ神職により進行が異なります。

　また、斎場ホールでの設営にも限界がありますので、必ずしも本義的にはいきませんが、一応目を通しておく必要があります。

　神葬祭は古来の伝統神道をベースにしていますが、近代では仏教葬儀にならって「神葬祭」が再構築されました。

　飲食の場面は地域慣例に従って行われます。

　新しい視点でのバンケット構築が可能です。すでに確立し普及された神式結婚式を十分に参考にするとよいでしょう。

　次頁は、仏式葬の通夜とお葬式にあたる神葬祭の概要です。

≪通夜祭並びに遷霊祭（葬場祭前日）≫

| 修祓（しゅうばつ） | 神職により斎場や自宅、また遺族や参列者の祓（はら）い浄めをします。 |

↓

| 一拝 | 神職に合わせて全員深く一礼をします。 |

↓

| 遷霊の儀（せんれい） | 消灯し故人の霊を霊璽（れいじ）に遷（うつ）します。 |

↓

| 献饌の儀（けんせんぎ） | 霊前に供え物（神饌（しんせん））と灯明を捧げます。 |

◎神饌については、いろいろな約束事があるので神職の指示に従ってください。主に五穀・お神酒・塩・洗米・餅・海産物（乾物や生魚）・野菜・果物・嗜好品などです。麻ひもで束ねるなど盛り付け方、捧げ方の作法もいろいろあります。

↓

| 祭詞奏上（さいしそうじょう） | 祝詞（のりと）を読み上げます。 |

↓

| 玉串奉奠（たまぐしほうてん） | 紙垂（しで）の結ばれた榊（さかき）の枝（玉串）を捧げます。その際、枝元を神殿に向けます。拝礼は二礼二拍手（音を立てない忍び手）で一礼をします。 |

↓

| 撤饌の儀（てっせんぎ） | お供えと灯明を下げます。 |

↓

| 一拝 | 神職に合わせて全員一礼します。 |

◎この後、通夜振る舞いの宴席がもたれます。
特に禁忌はありませんが、『献杯』の発声とともに開催します。
その際は、お神酒（日本酒）で献杯します。

≪葬場祭（葬儀・告別式）≫

修 祓

↓

一 拝

↓

献饌の儀	あらかじめ供えてあった瓶子（へいじ）のふたを開けることで対応します。

↓

祭詞奏上	誄辞（しのびごと）を述べます。 神職から追悼と故人の業績や経歴が読み上げられます。

↓

奏 楽	霊をなぐさめる雅楽の献奏や誄歌（るいか）演奏が行われます。

↓

弔辞・弔電	現代的な進行で、慣例化しています。

↓

玉串奉奠	喪主から遺族、近親者が順次行います。 また着席者も席順で行い、また元の席へ戻ります。 引き続いて、一般会葬者も捧げます。 拝礼は「二礼二拍手一礼」ですが、柏手（かわで）（拍手）の音は立てません。静かに手を合わせます。 仏式葬でのお焼香にあたります。

↓

撤饌の儀	神饌の中の瓶子のふたを閉めることで対応します。

↓

一 拝	これで葬場祭が終了です。 あとは一般慣例にのっとって進行します。

↓

| お別れの儀 | 柩に花を入れますが、
最終的には玉串（榊）を入れます。 |

↓

| 喪主挨拶 | 会葬の御礼を伝えます。 |

↓

| 出　　棺 | 柩を霊柩車にのせます。 |

↓

| 荼毘・収骨 | 同行者など、炉前での玉串奉奠もあります。 |

↓

| 還骨安置 | 納骨まで自宅安置されます。 |

↓

| 帰　家　祭 | 安置場所で神職による修祓がなされます。 |

◎この後「直会（なおらい）」がなされます。これが主な宴席となります。

　その後10日ごとに祭祀が行われ、50日祭が忌明けで、翌日「清払いの儀」がなされます。ここにも飲食が伴います。

キリスト教葬の式次第と飲食

　基本的にはその場での飲食は伴いません。お浄めや、精進落としなどもありません。

　しかしながら、追悼の観点から今後ホテルや会館での「告別式」的な需要は拡大するでしょう。式典（セレモニー）の中にキリスト教的なものをアレンジするためにも、式次第を把握してください。

　一般的に、カトリックは厳格で、プロテスタントは比較的柔軟です。臨終を大切にしますので、カトリックでは神父、プロテスタントでは牧師の立ち合いを原則としています。

日本の場合、通夜やお葬式では地域慣習に合わせることもありますが、基本的には故人の帰属教会でなされることが多く、後日記念祭などが追悼の宴席としてなされることもあります。

　ここでは式次第の概要を俯瞰して把握しておくとよいでしょう。

●カトリックの葬儀（昇天）ミサ進行

≪前夜式（通夜）≫

| 納　棺　式 | 神父の立会いの下、自宅などでなされます。 |

↓

| 通　夜　祭 | 聖歌斉唱や聖書朗読、司祭の説教が行われます。
この後、撒水や散香または献花を行います。 |

　◎仏式のような「通夜振る舞い」はありませんがミサ終了後、場合によっては、別室で軽食や茶菓の提供があります。

≪昇天式（葬儀・告別式）≫

| 司祭入堂 | 聖歌斉唱と柩の上に
花の十字架や６本の燭台などが飾られます。 |

↓

| ミサ聖祭式 | 信者のみに行われますが、最も大切な儀式です。 |

↓

| 赦（しゃ）祈（とう）式 | 故人生前の罪への許しを神に請い、昇天するための儀式です。 |

↓

| 祈祷・聖歌斉唱 | 厳密には、ここまでで終わります。
以下は日本的な進行です。 |

↓

| 告 別 式 | 故人の略歴紹介や弔電・弔辞の奉読、遺族代表の挨拶があります。その後、聖歌演奏の中、会葬者が献花します。 |

↓

| 出 棺 | 火葬場で荼毘に伏されますが、習俗的なお骨上げ作法などはしません。 |

| 追悼ミサ | 遺骨安置した後、3日後や7日目、30日目にミサを行います。また毎年の命日に「追悼ミサ」を行い、神父、遺族、近親者などが教会や自宅に集まり、聖書朗読や聖歌斉唱の後、記念の「お茶会」を開くこともあります。追悼の際に宴席の要請がなされるケースがあります。「昇天記念祭」や「追悼感謝祭」などの宴席を開催することもあります。 |

～キリスト教の香典返し～

　俗に言う「香典返し」は、30日目の追悼ミサの後に行うのが通例です。日本の贈答慣例にもとづきます。その後の「偲ぶ会」などは宴席拡充に関係しますので、キリスト教葬の概要を把握して、飲食提供の機会を発掘することが望まれます。

●プロテスタントの葬儀（召天）進行

　プロテスタントの宗派は多数あるので、故人が属していた教会によって進行も異なります。

| 聖　餐　式 | 臨終時に牧師に来てもらい、最後の晩餐にちなみパンと葡萄酒を信者を与える所作をもって、安息を祈ります。 |

↓

| 納　棺　式 | 牧師を招いて納棺します。柩は黒い覆いをかけます。賛美歌の合唱などがあります。 |

↓

| 前　夜　式 | 通夜に準じたものです。
自宅や斎場ホールで行われます。
讃美歌や聖書朗読、牧師の説教などがあり、
その後、参列者は順番に献花します。
最後に喪主が挨拶をして終了します。 |

◎カトリックの場合と同様で、日本的な「通夜振る舞い」は行いませんが、弔問者や遺族が軽食や茶菓のもてなしをすることはあります。斎場ホールなどでは一般の仏式葬のように、地域慣例にもとづいて飲食提供することもあります。

≪召天式（葬儀・告別式）≫

| 入　　堂 | オルガンの賛美歌演奏の中を、
牧師が先導して喪主・遺族が入堂します。 |

| 開　　式 | 開式を牧師が宣言します。 |

聖書朗読・祈祷・賛美歌

言葉の典礼　故人の略歴を朗読の後、追悼の説教や祈りの後、賛美歌を合唱します。

弔辞・弔電披露　（日本的アレンジの式進行）

閉式の祈祷　黙禱とオルガン演奏があります。

喪主挨拶

献　　花　オルガン演奏の中、牧師から順に喪主、遺族、参列者が献花をします。

閉　　式　牧師によって閉式が告げられ、終了します。

出棺・茶毘　本来キリスト教は土葬ですが、日本では火葬にします。火葬炉前で賛美歌を歌い、祈りを捧げることもあります。

還骨・安置　遺骨は自宅に持ち帰って安置し、後日埋葬します。

召天記念式　プロテスタントでは召天記念日から７日〜10日目、あるいは30日目に召天記念式を行います。
教会や自宅に、牧師や親族、友人など親しかった人たちが集まり、祈祷や聖書朗読、賛美歌合唱などで故人を偲びます。

～召天記念日～

キリスト教では、亡くなった日を召天記念日と言います。召天記念式を召天感謝祭や偲ぶ会として、いろいろな宴席プランができると思います。感謝や追悼は、宗旨宗派を超えた、宴席イメージです。

最初は茶話会などから、葬祭バンケットの普及を図ることも大切です。故人との旧交を偲び、遺されたもの同士がつながっていく場にしたいものです。

第2章

メモリアル・バンケット

遺された人たちが故人の追悼や記憶をたどり、なんらかの営みをかさねることを、言葉の原意はともかく本書では総体的に「メモリアル」という言葉で捉えていきます。

　葬式や法事はもちろんのこと、墓参りや広く年中行事として営まれるお彼岸やお盆の施行も、そういった意味では故人に対するメモリアルです。また人生儀礼における各種の通過儀礼（産育・結婚・還暦等）も、その時々でそれまでを顧みるメモリアルと考えます。

　そしてそのメモリアルに伴う飲食宴会を、本書では「メモリアル・バンケット」とし、葬祭サービスの大きな要素となりえるというビジネス展開の手法を解説していきます。

　メモリアル・バンケットの顧客としては、慶事としての「節目のパーティー」や「プレ・メモリアル」（生前葬）も想定できます。

　逝去後に遺族や関係者の申し出による「故人追悼のための会食会」も、まさにメモリアル・バンケットとしての顧客です。

　ここでの大きな差異は、当事者本人が「いる」か「いない」かです。それを念頭に置いて、バンケットビジネスの余地を眺めたとき、最近のお葬式における「告別式の辞退」をこのバンケットに誘導し、取り込むという機会が見出せます。

　故人は「自分らしい」、遺族や社会は「その人らしい」追想の場を求めています。それが葬儀社によるお葬式施行では実現ができないことから、その施行自体を縮小し必要最小限の処置だけを依頼しているのが、現代のお葬式傾向です。

　そこに全く異なる切り口で、メモリアル・バンケットという催しによって故人の追想施行がなされるならば、今後はそのような潮流も生まれる可能性が大きくあるのではないでしょうか。

　メモリアル・バンケットは「その人らしいものを追想し共有する」場面でもあり、それを提供できるビジネスであると確信してい

ます。

　メモリアル・バンケットの大きな位置づけは、葬儀ではなく「告別式」であり、対人的社会的対応に沿ったセレモニーであることを、十分理解しておくことが肝要です。

　そこには、ご遺体や宗教などは関知しません。純粋に社会に向けた式典であると意識することが必要です。

　ただし、その対象には故人の「魂」も併せて考えることが他のバンケットとの大きな違いであることも、重要な意識です。

これまでの問題点

　葬祭サービスの現場は、その対応からみて下記のような概要です。
　①　セレモニーに関する葬祭サービス
　　　　➡式典進行にかかわる対応
　②　葬祭バンケットにおける葬祭サービス
　　　　➡共食意識にもとづく対応
　③　通常の接遇による葬祭サービス
　　　　➡上記以外の一般的接遇対応

　現場としては現状葬儀告別式の同時進行から「斎場ホール」が最も一般的な場として、そこで行われています。

　また、最近増えつつある「ホテル葬」というカテゴリーは、お葬式全般から見れば、葬儀ではなく無宗教的な「告別式」にあたります。

　けれどもそれは決して「葬」ではなく、まさに式典パーティーであるという意識が、ホテル側にありませんでした。これはホテル側の葬式全体に対する固定観念があまりにも保守的で、自己改革して

こなかったことに起因しています。

　では、葬儀社による①のセレモニー対応はというと、主に人材派遣会社からの「セレモニー・レディ」と言われる女性が対応している現場が多くあります。

　つまり葬儀社は自社の斎場ホールでも、自前のスタッフに対応させないで、外注の「専門」の接遇要員を利用して、その場の対応をさせています。この「専門」とは、ホテルや会館での接遇サービスを経験したり、学んだりした人たちということです。

　葬祭現場では、司会者やご案内係、僧侶・遺族対応の「お茶出し」など、ブライダルにおける経験者もかなり流用されているのが現状です。そのサービスの本家は「ホテル・会館」であり、そこにおける「スタンダード」なサービスが、葬儀社の斎場ホールにおいては「スペシャル」なサービスと意識されています。

　しかも、②における現場としての「斎場ホール」は、宴席料理のほとんどをケータリングに頼っています。

　そこではメモリアル・バンケットというレベルには程遠いお決まりのメニューと、料理屋から派遣された配膳人が、「サービス」（無償提供）で付いてくる、というレベルです。

　個々のホスピタリティには技量の個人格差がありますが、葬儀社における配膳人はいわば料理の準備と後片付けのための要員であり、その宴席の価値を見逃しています。併せて①や②には、一貫したスタッフによるサービスが連続していないという弱点が散見されます。

　③は単純に対人的な顧客接遇の基本的サービスのことで、ホテルや会館での一番基本的なマナー研修で要されるような、挨拶、立ち振る舞い、誘導、言葉遣い、電話対応、トラブル対処等々、サービス業としては当たり前の基本的な接客マナーです。

　斎場ホールは、「葬祭ビジネスはサービス業である」という意識

さえいまだに希薄で、そのサービス意識に関してはまだまだ粗雑です。そうして外注の人材派遣に丸投げしている企業態度からは、今後もますます葬祭業が衰退していく大きな一因が見えてきます。

新しい視点

　これまで現状の葬祭や伝統的な儀式進行が踏襲されてきた中での飲食場面を、式次第を追って見てきました。

　そこでは「飲食は共食儀礼」であることが忘れ去られ、接待や慰労のおもてなしだけに目が向けられています。しかもそれが惰性的なサービス提供であった現況も理解できたと思います。

　そこで、この飲食場面を「メモリアル・バンケット」というこれまでにない新しい観点で見直してみる必要があるのです。

　ここでは慶事、弔事にかかわらず不特定の方々が参集し、飲食を伴うものを「パーティー」として現代的な目線で見ることにします。

　そうすると、既存の葬祭におけるいろいろな場面での食の「振る舞い」を「メモリアル・バンケット」と呼ぶことができます。

　「精進落とし」や「お斎」の会席の意味や意義は、十分理解しなければなりませんが、その伝統的な言葉に捉われすぎて、あまりにも「無難」な踏襲にこだわるところから、これらが形骸化し、その結果萎縮してきました。そこでは誰からも新しい発想や提案がなされてこなかったのです。

　葬祭における各種の飲食提供を、「メモリアル・バンケット」という観点から再構築してみましょう。

　同時に、そのパーティーの付加価値を構築するには、儀式的な伝統価値も十分理解しておく必要があります。食文化の継承を含めた大局も眺めなければなりません。

また、通常なされている告別式やその後のお別れ会や偲ぶ会、法要の宴席など社会的対応としての宴会サービスを、固定観念で考えてしまうのも見直さなければなりません。

　メモリアル・バンケットは多角的な提案事項として、葬祭全体を大きく拡充できるビジネスです。肝心なのは、それが単なる「会食」ではなく、その冠に「葬祭」が付いていることを忘れないことです。

　一般のバンケットとは異なる「儀式性」がベースにあることを、価値としなければなりません。告別式は「式典（セレモニー）」であり、社会的対応の要素のなかでも飲食の場面は「共食」という儀式性を同時に有しています。

　社会性をベースにしたバンケットの役割は「人とのつながり」であり、そのことを確認し、追認し、そして更新することに意義があります。

　そしてそれをつなぐのが、そこにかかわる各種のスタッフです。そのために求められる大きな課題こそ、スタッフの資質向上です。

意識

　これまで慶事の宴席にばかりかかわってきたバンケット担当者にとって、「死」は目を背けたくなることかもしれません。これまでの宴会営業や業務とは異なる意識を持ち、ビジネス拡充していくことは決して簡単ではないでしょう。

　しかしメモリアル・バンケットは、社会的対応の一つとして十分にその開催価値を高めていく素養があります。施設の利用やサービスを通じて「遺族の心や社会に対し、それぞれの節目を印象付けることができる」からです。

　しかし、それを実現するためには、「死は個人的なものではなく、社会的なことである」という確固たる信念が求められます。

　確かに作業効率や収益効率もビジネスにおいて重要なファクターですが、それ以上にメモリアル・バンケットの価値を自覚し、貢献する覚悟が必要なのです。

　これがなければ、葬祭でのサービスは、単なる「作業」としか評価されません。

　実は、慶事の節目であっても、生と死の両面を常に有しています。すべての通過儀礼は、それまで人生のしがらみなど断ち切り（死）、そこからあらためて生まれ変わる（生）という儀式だからです。

　ですから通過儀礼は、生まれ変わりの更新儀礼とも言えます。弔事と慶事が、表裏一体となっているのです。

　このような認識を持つことは、死に対する忌避感を軽減することにも大いに役立つでしょう。

構成の四大要素

　メモリアル・バンケットを儀式的な視座から眺めてみましょう。そこには、まだまだ手つかずのいろいろな進行や演出のアイデアも提案できる余地が十分にあります。

　ただし、それがオリジナリティを有した施行提案であれば、そこには施行の理念と、それに見合った飲食やサービスの提供が構築されなければなりません。

　そのために、あらためて儀式要素について基本的な概念を学んでください。儀式には４つの要素があります。

　①目的の共有　　②空間の聖化・聖別
　③時間の聖化・聖別　　④共同飲食（共食）

①目的を共有する　構成概念

　葬祭における葬儀式では、明確な目的が明示され、共有されます。

　仏教葬儀では、それらは「往生」「成仏」などの言葉で示されます。読経や戒名授与など各種の葬送儀礼の根底は、故人の魂を鎮める（鎮魂）という概念です。

　導師や参列者は、その儀式に際して「祈念・祈願」するために手を合わせます。鎮められた魂は、その後「供養」をかさねることによって慰撫されていきます。

　では、メモリアル・バンケットにおける目的とは何でしょう。

　この催しには二つの要素があります。「セレモニー要素」と「会食要素」です。

　セレモニー要素とは、「追悼」です。

　すでに宗教的、習俗的な葬送儀礼が果たされた後での「式典」ですから、この場面では故人の「霊性」に触れるような祭祀儀礼は必要ありません。強いて言うならば、黙禱や献花などの拝礼所作が追悼儀礼となるでしょう。献奏や弔辞も追悼です。それにより参列者は「哀悼の意」を「故人の御霊」に奉じます。

　会食要素とは、飲食やメモリアルコーナーでの故人紹介などの演出による「社会的目的」の伝達です。

②空間の聖化・聖別

　これは、メモリアル・バンケットの会場空間のことです。

　一般の葬祭ホールとは異なり、特別な設備は必要ありません。飲食の伴う空間なので、ラグジュアリーな雰囲気も求められます。

　しかしながら、会場の一部に生花祭壇や遺影写真などを設置する場合、そこは「魂の宿るもの＝依り代」であるという観念が発生します。ゆえに空間を聖化・聖別することが必要となります。

　例えば神社の場合、鳥居やしめ縄などで神の領域を示す「結界」

を設置し、空間を仕切ります。そのような空間意識があると、祭壇や遺影の設置に際しても配慮や工夫ができるようになります。

　例えば、動線を分けることや一定の距離感を保つこと、照明の明暗などにより、そのスポットは「目に見えないバリアー」に包まれ、日常感から乖離します。空間の神聖さが拡大し、空間価値が上がるからです。

　所作でいえば、会場内スタッフの動線では遺影の前を横切る際に気持ちの上で軽く頭を下げる、いったん立ち止まるなど、遺影を意識した配慮が自然になされると、これは参列の方々にもその敬意が「伝染」します。

　これが空間の価値を高めることになり、また同時にスタッフのサービスの資質を高めることにもつながります。

③時間の聖化・聖別

　これは進行上の問題です。

　司会にはセレモニー進行を案内する、誘導する、盛り上げていくなど、いろいろな役割があります。全体の進行を管理しながらその調整を果たし、セレモニーをスムーズに完遂することも責務です。

　メモリアル・バンケットをセレモニー部分とに会食部分とに大きく二分した場合、会食の時間帯は平常の進行で司会の役割を十分に発揮することが大切です。

　けれどもセレモニー部分を厳かに、また緊張を伴って行うのであれば、司会者の役割は少し異なります。それは「宣言者」としての役割が加わるからです。

　「開式」はご案内ではありません。「宣言」です。

　宣言というのは、そこからの時間を特別なものとする「時間の聖別」です。閉会や閉式の「宣言」がなされるまでの時間が特別なものとして意識されるような重みをもった役割となります。いわゆる

「アナウンス（伝達事項を拡声すること）」ではないということです。

そのため司会者の立ち位置は、正面側のどちらかの端で、参加者に相対して行うのがセレモニーでは正統であると思います。

会場の後ろ片隅で、参列者の後ろ姿を見ながら司会をしているケースがありますが、あれは「司会」ではなく「案内」の役割だけのものです。

④共同飲食（共食）

人が集まるとその行事に伴って飲食の振る舞いをするのは、太古から現代まで変わりありません。特にその飲食に儀礼・儀式的な意味を持たせたものが、「共食」という概念です。

聖化・聖別された空間や時間に参集した人々が「神に捧げられたものと同じものを一同揃って食する」という行いが、呪術的な行為として飲食そのものに大きな意味を持たせています。

特に神との交流においての共食は、現代でも神道的な儀式の中心的要素です。食物の供儀なくしては、儀式が成立しません。

神式儀礼の大きな要素は、神への捧げもの（神饌）をお供えし（献饌）、念じ（祝詞）、お供えを下げる（撤饌）という一連の儀式に表されています。ちなみに天皇による大嘗祭や新嘗祭は、「神との共食」と言われています。

このように、一つの空間で不特定多数の人が同じものを一緒に食するというシチュエーションは、多分に儀式性の高い行い事であると言えます。

会食では、その皮切りとして乾杯や献杯がなされますが、まさにそれが「共食の緒元」と言えるでしょう。

メモリアル・バンケット用語

　メモリアル・バンケットの施行やその事前打ち合わせなどでは、常に故人に対する哀悼の念を持していることが大切です。ですから一つの配慮として、直截的な言い方を避けた婉曲な言い回しも心遣いであると思ってください。例えば「死」という言葉や「葬儀」という言葉は避けて、イメージを同じくするカタカナ的な語彙に置き換えることも、時には必要となります。

　なぜならば、宴席の施主となる人は原則すでに葬儀を済ませた人であり、その故人を新しいカタチでその人らしく追悼したいという気持ちがあるからです。その気持ちに寄り添うためにも、言葉を置き換えたり、新しい発想を持ったりすることが求められます。

　メモリアル・バンケットにおける葬祭概念は、そういう意味でも大きく意識変革しなければなりません。担当者自身も、宴席を請け負う側としてスマートなイメージを物語れるよう、語彙を豊かにしておくことが肝要です。

　まだ一般的に普及している言葉ではないかもしれませんが、スタッフがこれから社会的な言葉として普及させる意気込みで使い慣れてほしいと思います。また新しい造語も必要ですから、ぜひいろいろスマートな言葉を考えてみましょう。

　メモリアル（memorial）　追悼　記念
　メモリアル・ホール（memorial hall）　記念館・葬斎場
　メモリアル・バンケット（memorial banquet）　記念宴席・追悼宴席
　メモリアル・パーティー（memorial party）　記念・追悼のパーティー
　お別れ会（farewell party）　告別のための集会や宴席
　偲ぶ会（remembrance party）　思い出のための集会や宴席

追悼（mourning）　故人生前を振り返りその死を悼むこと　追悼式
哀悼（condolences）　死を悲しみ悼む自分の気持ち　哀悼の気持ち
黙禱（silent prayer）　故人に対して沈黙のまま祈りを捧げる
献杯（offering a drink）　哀悼の気持ちを込めて杯を捧げる
弔辞（condolence）　故人に捧げるお悔やみの言葉

営業

　現代葬祭の問題点は、風潮を作り上げてしまったことです。

　多くの葬儀社は広報・広告の対象者を「低所得の高齢者」とし、葬儀の福祉的な面を強調するとともに、低費用のイメージを浸透させようとしました。そのため「小規模葬儀」の提案が多く流布され、いわゆる「家族葬」が蔓延しました。

　そして「家族葬」は「低価格葬儀」の言葉の置き換えとして口当たりのいいフレーズとなり、お葬式にはお金をかけたくない人の言い訳的な合言葉になりました。

　その結果低価格競争となり、その後葬儀施行は簡略化、粗雑化が著しくなってしまったのです。

　「葬祭サービス」における「おもてなし」の感性が大きく損なわれたといってもよいでしょう。嘆かわしい現状で、葬祭スタッフの業務プライドも低下しました。

　その反省を踏まえ、今後のメモリアル・バンケットは新しい葬送価値の提供と提案をしていくうえで、「喪主世代への認知」を取り付けていく必要があります。喪主世代とは40～60歳代で、自分と親の老後をしっかりと考えておきたい階層です。ここにアプローチしていかなければなりません。

　富裕層に対してメモリアル・バンケットの有意義性を示していく

営業も、当然必要となります。

　下記は、営業の方向性が間違ったことによって生まれた要望と現状の結果です。

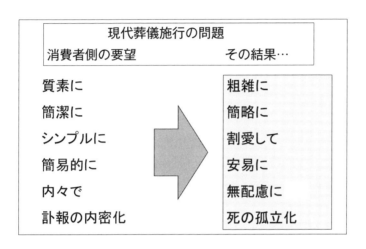

プレゼンテーション

　相談者との事前打ち合わせの際に、映像と現物の説明および実際のホール現場の下見見学をしてもらうとよいでしょう。

　映像には特色のあるイメージ展開がなされている動画やスライド構成のビジュアルなアイテムが必要です。

　また、担当したスタッフの経験談なども大いに伝えるとよいと思います。失敗談も含めると、好感度の高い折衝ができるようになります。

　プレゼンテーションでは、何よりも過去の施行例を紹介することが効果的です。ただしメモリアル・バンケットの原則はすべてオーダーメイドの宴席ですから、自社サイドの枠の中に収めようとする強引なプレゼンテーションは禁物です。

プレゼンテーションはあくまでも「たたき台の提示」であり、それは「たたかれ台」とも言えます。そこからのアレンジこそ、オリジナリティ構築の第一歩です。

　プレゼンテーションの内容は以下の通りです。

①　全体プロットの概要

②　料理内容

③　式典内容

④　返礼ギフトの有無や内容

広報

　バンケット担当者であれば経験的に自覚していますが、宴席の多くは慶事やレセプション的なものであり、セレモニー後の懇親や慰労という二次的なものもあります。

　弔事に関しても同様です。ただ、弔事の宴席はマイナスイメージが根強く意識されて、慶事に比べると表立った広報や公示に消極的な面が今でも見られます。

　かつて某ホテルが「法宴」という宴会名称を造語したことがあり、当時画期的でした。たいへん意味のあるセールス造語であり、上品な宴席を示す言葉となっています。しかしこの言葉でさえ、一般的には浸透していません。

　市井では平成の時代より葬儀関係の広告が「解禁」になり、いまではローカルのみならずキー局管内においても、葬儀社のテレビコマーシャルが数多く放映されるようになりました。葬儀のコマーシャルにふさわしい年齢の有名タレントが、キャラクターイメージとなっている印象です。

　けれどもメモリアル・バンケットに関しては、まだそのようなコ

マーシャル放映を一つも見たことがありません。現状ではフロント
の片隅に地味なパンフレットを配置するくらいで、積極的な営業展
開はなされていないのが現状です。

　寺院本堂で行われていた「社葬」がホテルや会館での「お別れ
会」に移行している事例が多くなっているにもかかわらず、施設側
の意識は一般の対応よりもずっと遅れているように思えます。

　このように広報がまだ白紙状態ですから、今後メモリアル・バン
ケットをうまく広報していくことで、新たな市場の開拓ができるも
のと思います。

　メモリアル・バンケットにはその価値が十分にあります。そして
情報拡散のための手法が多様化している中で、分かりやすい方法発
信が期待されます。特にSNS利用は、十分検討する余地があるで
しょう。

●ネットへの告知

　新型コロナウイルスという未曾有の出来事は、今後の広告メソッ
ドをも大きく変えることになります。

　企業が自社の情報を広く発信するというこれまでの伝達に加え、
「個人（スタッフ・担当者など）」が個人的に自分の業務について情
報を発信することも、十分にできる時代になりました。また受け手
側が「個人」に関する情報を、能動的に取りに来る時代にもなりま
した。

　ホームページでは施設（館内案内やアクセスなど）やサービスの
内容（メニューや料金など）などその意匠の多くは写真情報でした
が、これからは「動画」が中心になるでしょう。

　動画発信は、雰囲気を伝えられるという意味でメモリアル・バン
ケットにとって大きな発信要素になります。今後は動画発信をいか
にうまく利用して、どれだけ広い顧客接点を得るかが、広報活動の

成功の分岐点になります。

　アイデアとしては、メモリアル・バンケットを希望する人との「相談動画」や、著名人とのメモリアルについての「対談動画」などが有効な手立てとして考えられます。

　それはシリーズ化して記録できるので、いつでも何度でも見られ、そこに検索の件数を束ねていきます。

　遅くてもあと5年先には、70歳代のほとんどがスマホを有している時代になるでしょう。そうなると画面が小さいので、画質の質はさほど必要ありません。大切なのは、むしろその内容です。

　メモリアル・バンケットのイメージを自社オリジナルとして発信できるプランを、今から構築しておきましょう。

●マスコミへの告知

　検索、問い合わせ、いいね！やチャンネル登録などが、レスポンスの目安になりますが、併せて必要なことはやはりライブでの「リアルイベント」です。

　「〇〇フェア」的な開催で自社が伝えたい情報はもちろんのこと、可能であれば模擬的なシミュレーションイベントも加えられれば面白いと思います。すでにホテル・会館イベントとして「お別れ会」「偲ぶ会」などの模擬施行や、祭壇や料理の展示などを行っているところもありますが、葬祭知識のないままの「パーティー形式」を提案するだけではインパクトは小さいようです。

　自社顧客に対する「お知らせ」（会員対象の会報誌など）でイベント開催を告知することもできますが、それだけでは足りません。

　とはいえ、マスコミに取り上げてもらうためには、専門性と話題性に富んだプレスリリースが必要になります。

打ち合わせ

　プレ・メモリアル（生前告別式）ならば、本人と一緒に慶事を兼ねた構成であらゆる工夫ができます。

　葬儀後は当事者不在ですので、いわば本葬・告別式のメモリアル・バンケットになり、打ち合わせ内容が少し変わります。

　打ち合わせの時点がどのような現況であるかを把握したうえで、対応しなければなりません。

●会費

　メモリアル・バンケットでは参加者に「会費」を徴収する場合があります。特に葬儀が「家族葬」的に近親者のみで行われた場合、一般の方々を対象としたこのバンケットが「告別式」あるいは「本葬」を兼ねたものになることから、出席に際しては戸惑いながらも「香典」として持参する人もいます。

　香典の授受や生花などの供花供出をご辞退される場合は、それを明記してご案内することが肝心です。

　香典のご辞退は一見現代的でスマートな手法かもしれませんが、日本人の贈答慣例から無視できない「義理返し」の感覚も考慮しなくてはなりません。自家のお葬式の時に香典を授受していた場合、当然ながら先方のご不幸など万が一の時には、同じ金額、あるいはそれ以上のものをお返しするという「義理」を感じます。それが果たされないと何か釈然としない心持ちになる人も珍しくありません。

　ですから「香典」はいただかないにしても、「会費」として一定額を一律に受領することで、その「義理」を緩衝させてあげる配慮も必要です。そういう根拠で会費をいただく場合は、その金額を明示しておくことも必須です。

「供花代」という名目で一律の会費をいただき、生花祭壇などの施工費用に充てるという建前で徴収するアイデアもあります。

　例えば、通常の生花一基分の相場が1万5千円（税別）として50名の参加者が供花されたとします。そうすると75万円の生花代が主催者に入ります。生花祭壇施工の原価が仮に30万円とすれば、単純に残りの45万円が飲食費に充てられるという計算です。

　その際は、供花者の芳名を明記して会場内に掲示することが原則となります。

　このような施工形態を「生花祭壇芳名板方式」と呼んでいます。

　これはメモリアル・バンケットのマネジメントにおいて、合理的な手法です。香典や会費の授受に対して返礼品としての贈答慣例がありますが、「供花代」として実際のお花装飾があれば、それに対しての返礼を求める人はいないと思います。

　メモリアル・バンケットの諸処の事例を参考にし、その知識やアイデアによってこの分野のマーケットを拡充したいものです。

研修

　メモリアルにかかわるあらゆるモノや付帯するサービス、セレモニー進行のデザインなどに関して専門的に学ぶ必要がでてきました。

　ホテルや会館のバンケット担当者やスタッフの多くは、接客や接遇、料飲サービスに自信を持っています。それをお手本として、葬祭業界もこれまで施設やバンケット業界、あるいはエアラインの人材などから、その所作やサービスを学んできました。

　しかしながら、表面的なスタイルの模倣は十分に構築できたものの、葬祭という場面では多くの遺族や会葬者が違和感を抱いていました。その既存のサービス概念の背景に、相手に「喜んでもらいた

い」という姿勢があるからです。

　弔事におけるお客様の中に無意識ながらも存在する「死を前提とした観念的な深層や基層の意識（なんとなくの忌避感など）」を忖度することのないまま、スマートな身のこなしや対応だけに精通してもあまり意味がありません。それは「作業」が適切になされたというだけです。

　メモリアル・バンケットの重要な観点は、言葉の意味や意義を知ることと同時に、そこに象徴されている意思を汲み取る想像力です。ゆえにスタッフ一人一人の感性としての情感、情緒、情操を醸し出すための葬祭教育の基礎も学んでおくことが不可欠なのです。

　現代では、日本人の死生観に触れた感性教育がほとんどなされていないのが現状です。

　2006年には各種学校の中に「お葬式学科」が創設されました。また2019年からは大学で「葬祭ビジネス論」として単位科目にもなってきました。

　それはそれで心強い限りですが、まだまだ足りません。可能であればサービス業界のすべての人に伝えなければと、思うばかりです。

接遇

●サービスとホスピタリティ

　「サービス」と「ホスピタリティ」、この言葉の意味を理解しておかねばなりません。

　もちろん辞書的な言葉の説明は必要ですが、ここでは「日本的」な解釈として、言葉のニュアンスを考えてみたいと思います。

　「サービス（service）」の概要意味としては、おおよそ次のような解釈をしているのが一般的です。

サービスとは、他者に対する奉仕、有用、助力、尽力としてあります。キリスト教世界では神に対する「無償の奉仕」ということになります。あるいは用役、役務という意味から、公共的な事業をさす言葉として解説していることも多いようです。

　また経済用語としては、売買するモノではなく、その効用や満足などいわゆる形のない財のことを示しています。これは第三次産業の「商品」ということです。

　サービスはいきものであり、TPOに合わせて対応を図ることで、その人の資質が大いに試される大切な場面といえます。

　とはいえ、日本的なサービス概念は「極めて下世話な感覚」となっています。おおよそサービスというと無料、値引き、割引、おまけというような感覚も、広く一般に根強くあるからです。

　メモリアル・バンケットにおいてのホスピタリティは、言うまでもなく「おもてなし」です。そしてここで注意しなければならないのは、「誰に対してのおもてなしか」ということです。

　「故人の魂」こそ最大の配慮を果たす対象であり、魂に対する儀式儀礼が最優先となります。そしてそれを第一義としていることで業務の価値が図られるべきです。しかしながらサービス対象としては分かりにくい存在であり、喪主や遺族、会葬者などを分かりやすいサービス対象にしたことで、儀式価値よりも表面的なサービス品質が重視され、その結果儀式価値の喪失と葬儀施行の均一化が形骸化を招く要因になりました。

　喪主、遺族、会葬者など生きている人に対するサービスが主体になっていることで、表面的なホスピタリティしか感じられなくなり、葬儀施行の対価価値が見失われてしまったのです。

　葬儀社が葬儀と告別式の区別もつかない中、漫然と「お葬式」という業務を続けてきたのも、要因の一つです。

　メモリアル・バンケットでは、ホスピタリティの対象をしっかりと把握したうえでの最大限の「おもてなし」が求められるのです。

●マナーとエチケット

　「礼儀」、「作法」、「マナー」、「エチケット」などなど、いろいろな言葉が混在して使われています。

　ニュアンス的な理解をするならば、「エチケット」は特定の対人関係を念頭にした気配り、いわば「お行儀」です。

　それに対して「マナー」は、もう少し公共性を持ち、対社会的に望まれる「作法」です。強いて言うならば、共有できる「礼儀」ということになります。

　マナーやエチケットの概念は、先輩や上司から教えられたことがすべてではありません。そこには「その人」の観念的な思惟があるかもしれないからです。

　観念的な通例は時には正反対のこともありますから「決して押し付けてない」ことが肝要です。良かれと思ったアドバイスは特に注意しなければなりません。しきたりや常識というのは地方によっても、その人の考え方によっても大きく異なるからです。

　喪服は黒ですか？　いいえ、白が正式です。

　お葬式に晴れ着は着ませんか？　いいえ、お葬式だから「ハレ着」を着るのです。

　お赤飯はお祝いです？　いいえ、お葬式の重要な儀式食です。

　このように今では間違いだと思われる慣例も、地方によっては常識的なマナーとして顕在している場合が珍しくありません。

　歴史によっていろいろな根拠があるという、知識把握をしておきましょう。また、それを受け止める寛容さが求められます。

　エチケットは周りにたいへん印象深い意識を与えます。

例えば、白木の位牌は魂の宿るべき神聖な依り代です。軽量で変哲もない木の板ですが、葬儀から見れば儀礼の象徴的アイテムです。どんなことがあっても片手で「お気軽」に持ち運ぶようなことがあってはなりません。

　下働きの生花職人さんなどには、祭壇制作中のおしゃべりや足で機材を動かしたりするような行動を、厳しく戒めなければなりません。お客さんが見ていないからという気の緩みは、必ず本番の態度や行動に出ます。これは恐ろしいことです。

　ある葬祭ホールでは、スタッフたちの動線に対して厳密な規制を敷いています。神社などの参拝や拝礼では、正中線（中心線）を避ける規範やそれを横切る際には平頭するなどのしぐさが求められますが、それと同じように、目には見えないが畏怖の気持ちを抱く感性が必要だからです。

　メモリアル・バンケットにおいては、「遺影」の掲示がされている場合、そこにご本人がおいでになるという意識を持ち、その前を通るしぐさでそれが自然と体現されるとよいでしょう。それにより「写真」が存在感のある「依り代」に変成されるのです。

　このように、目に見えない存在を意識した振る舞いがスタッフ自身で自然にできれば、非常に高品質なサービス提供となるでしょう。

●言霊の文化

　日本語の大きな特徴の一つに「言霊思想」があります。

　言霊というのは、発せられた言葉に魂のような「力」が作用し、ともすればその言葉が意味する事態を起こしてしまう、というような呪術的な思想文化です。

　慶事においては「言祝ぎ」というように祝いの言葉を述べることにより、祝福を増幅させ幸福を引き寄せる作用が言葉にはあるとして、おめでたい文言や縁起の良い言葉を掛け合います。

しかし弔事では、これが「忌み言葉」として禁忌となります。

日本の故事では、古今和歌集の冒頭（仮名序）に「やまとうたは人の心を種としてよろづの言の葉とぞなれりける」、とあります。つまり言葉は人の心の「種」であると「宣言」しています。

この仮名序の末尾には、「力をも入れずしてあめつちを動かし目に見えぬ鬼神をもあはれと思はせ」と記されています。すごいですね。言葉を発することによって、力を入れなくても天地や鬼神ですら思うようにできるもの、と言葉の霊力を示しているのです。

現代でも、「滅多なことを言うもんではない！」など、発言に対しての注意が日常でもなされます。これは言葉を発してしまうことでその事態が起こってしまう、起こった時にはその言葉を発した人の「責任」になるという幻想が、頑なに共有されているからです。

この深層的で基層的な民族意識を理解しておかないと、日本では「世間」が許してくれないことになります。

自国文化の特質を知っておくことは、どんな場合でも極めて大切な素養です。

●言葉遣い

葬祭やメモリアル・バンケットの場においては、言葉遣いは気を付けなければならない基本的な知識です。敬語や謙譲語も含めて、あらためて知識と訓練が必要です。

日本にはいろいろな「忌み言葉」があります。

忌み言葉というのは、それを口に出してはいけないという集団的な禁忌として、地域や国、民族などの生活文化の中に根強く残存しています。

特にお葬式など非日常における特定場面では、言葉を気にする方が多くおられます。言葉だけではなく文字も気になるものです。

それらを日本人の豊かな文化の中で理解したいものです。

死を連想する言葉

葬祭では直接的な死に関する言葉を避けています。

例えば「死ぬ」は「亡くなる」あるいは「逝去」、丁寧に「ご逝去」などと言い表します。

この他にも、日本語には人の死を婉曲に言い表す表現がありますので、列記しておきます。

死を婉曲・間接的に表現する言葉

お亡くなりになる・お迎えが来た・この世を去る・他界する・落命・人生を全うする・最期を遂げる・終焉(しゅうえん)を迎える・息を引き取る・事切(ことき)れる・目を閉じる・終わる・くたばる・おさらばする・あの世へ行く・眠りにつく・永眠・朽ち果てる・逝(ゆ)く・没する・崩じる・辞世・身罷(みまか)る・お隠れになる・逝去・瞑目(めいもく)・永逝(えいせい)・鬼籍(きせき)に入る・往生(おうじょう)する・極楽に行く・昇天・天に召される・涅槃(ねはん)に入る・成仏・寂滅(じゃくめつ)・入寂(にゅうじゃく)・帰寂(きじゃく)・遷化(せんげ)・空に帰(き)す・お陀仏(だぶつ)・おシャカになる・一巻の終わり・黄泉(よみ)の客・不帰(ふき)の客・帰らぬ旅に出る・玉砕(ぎょくさい)・土に還(かえ)る・花と散る・星になる、 等々一冊の辞書ができるほどあります。

普段から気を付けて意識しておき語彙を豊富にしておきましょう。

言葉の言い換えや重ね言葉

葬祭の場面では、一般的に「重ね言葉」を嫌います。

重ね言葉の禁忌では、「重々、重ねがさね、くれぐれも」などがあります。「加えて、心より、深く」などと置き換えるといいでしょう。

「また」は「さらに、あらためて」とします。「再三や何度も」などは、「多く、頻繁に」などと分かりやすく置き換えます。

　よく「返すがえすも、残念です」というセリフがありますが、これも「振り返って思えば、残念です」と言い換えれば、重ね言葉を避けることができます。

　日常の話し言葉でも、不幸が続くことを連想させる言葉は気にかけておく必要があります。

　例えば「引き続いて」は「次に」、「追って」は「後ほど」、「終わりに、最後に」は「結びに」と、言葉を置き換えます。

　正調の弔辞拝読ではない限り、自分の言葉で気持ちを伝えることの方が大事だと思うのですが、あるマナーの本ではこの禁忌を重んじているのでしょうか、「分からないときは、ただうつむいて、言葉をなくしてもよい」としてありました。それもどうかと思います。

　メモリアル・バンケットは、その気軽さに力点が置かれたパーティーです。こだわりも大切ですが、むしろこだわりを知ったうえであえてフランク、ラフな構成にすることも一つの手法となります。

　現代言葉や隠語、通称について

　現代の話し言葉は、年代層によってその理解が阻まれます。

　若者言葉の是非は問いませんが、メモリアル・バンケットに社会性が伴っているとすれば、そこは友人同士が居酒屋で飲んでいる場面とおのずと異なります。

　いわゆる俗な言葉や野卑な言葉など、年齢層によっては眉をひそめる言葉遣いもあります。

　言葉はその人の資質や品性を感じさせます。語彙の豊富さで例え方がスマートな人には、機敏にはたらく才知が感じられます。

　スタッフの方々にも、ぜひそのようなスマートさを持ち合わせてもらいたいものです。

　困ったことに、音で聞いただけでは判別しにくい短縮語もあります。例えば「終活」です。軽薄な言葉ですが高齢社会では流行して

います。同じ音で「就活」と言えば、学生の「就職活動」を短縮した言葉です。聞いただけではそれが就職なのか、終焉の準備なのか分かりません。年齢だけで即断することもできません。定年後の再就職の話かもしれないからです。

　また、いわゆる業界隠語が一般用語になったり、短縮された略語が一つの言葉として気軽に使用されたりする時代でもありますが、それに乗じてスタッフの言葉遣いが乱れるのは、注意しなければなりません。

　自社内だけで通用する短縮語が常用されている場合も、それがついお客様の前で出てしまうことが多々あります。

　例えば一日葬（通夜をしないで一日でお葬式を済ませる簡略葬）に「ワンデーセレモニー」というパッケージ名をつけ、社内では短縮して「ワンセレ」と呼んでいる会社があります。それがいつの間にかスタッフの口癖になり、葬家の前でも平気で「ワンセレ、ワンセレ」と言葉が行き交っている状態です。

　それではワンデーセレモニーが簡易的で安直な葬儀サービスという印象を与えかねません。事前相談などなされた葬家は理解していても、その周りの親戚や一般会葬者には何のことだかさっぱり分からないでしょう。

　このような慣れによる見過ごしも、配慮に欠けている感じが否めません。あらためて自社内における通称、短縮、隠語などを点検してみましょう。

第3章

「葬祭」に求められる飲食

葬祭に飲食が伴うのには、二つの意味があります。

一つは、供物としての「食物供儀」の意味です。これには枕飯（一膳めし）や枕団子、神葬祭での神饌などが習俗や宗教的作法として細かく決められています。

もう一つは、儀式食として非日常における特定の食物を供えて、故人と共に食することがあります。これは前述した「共食」という儀礼観念です。

このような飲食の歴史を踏まえたうえで現代のメモリアル・バンケットに求められるのは、「故人や遺族による『おもてなし』としての飲食提供」という考え方です。これは立派な祭壇を飾り付けるというステータスから更なる価値変化を促すための重要な要素です。

このコンセプトのもと、新たなメニューの開発や飲料の選択、サービスの手法などをメモリアル・バンケットに集約すれば、これまでの告別式を昇華した新しい形が構築される余地があります。

共食の儀式性

共食は、儀式食や行事食などさまざまな節目に「一同が、同じものを同時に食する」ことを言います。よって葬祭における宴会も、それぞれの呼称のもと目的に沿ってなされたもので、単なる食欲を満たすための食事提供ではありません。

この共同飲食の原意を把握して、メモリアル・バンケットの意識を向上させておくことが必要です。それは顧客に対する必須のセールスポイントにもなります。

儀式食

　人が寄り合って何らかの「儀礼」を果たす目的の中には、神仏に対する祈願祈念や霊魂に対する鎮魂や慰撫など、集団で行うものがあります。その「儀礼」を時間と特定の場所を定めて一同相揃って行われるのが「儀式」です。

　その時間や空間は、民俗学でいうところの「ハレ」であり、日常とは異なるものです。この「ハレ」に立ち入る前には、参加者自身の「ミソギ」や「コモリ」などの精進が強いられます。また「ハレ」から日常へ復帰する場合には、「ハライ」や「キヨメ」などの習俗的、宗教的処方が必要になります。

　ここに集団的な飲食が伴う場合は、「ハレの会食席」としての「宴会」と位置づけてよいでしょう。

　「宴会」と称する以上、そこには「会」の目的があり、それ以上に日常とは切り離された飲食という概念を持つことが必要です。

　それらの「宴会」について、少し民俗学的な概念を踏まえて見ておきたいと思います。

●神饌

　儀式食とは、その通過儀礼に際して欠かせない食物のことで、お供え物も含まれます。

　それを古代の日本的な感性で眺めると、現在でもなされている神道儀式における供物ではないでしょうか。

　神道儀式の供物は、慶事、弔事（神葬祭）どちらも、その内容はほとんど変わりません。

　案または八足と呼ばれる白木の台に三方（供物台）を置き、その上に半紙の折敷を配します。

神饌物は、生饌と呼ばれる山海の幸や酒と、常饌と呼ばれる日常必需の食物である五穀や塩、水があります。そのほかに幣帛という布が献上されます。供物の種類は酒、洗米、水、塩、お餅のほかに、野菜や乾物、果物、魚、卵、嗜好品などの食べ物です。神葬祭では、故人が好んだ食べ物を供えることもあります。

神饌の並べ方の順番は祭壇の高い方、そして中央の方が高位になります。左右では向かって右側（ご神体から見て左側）が優位となります。序列的には、五穀に順じて塩、水、酒が中心になります。

水は水器（水玉ともいう）、酒は瓶子と呼ばれる白い瓶が使用されます。卵などが盛られることもあります。また海のものとして、鰹節や昆布などの乾物のほか活け鯛なども供えます。山のものとしては、根もの、葉もの、果物などがあります。食物など束ねるのは、麻の繊維を割いたひもです。

餅も重要な供物ですが、正月でもないかぎり重ね餅はなかなか入手しづらい季節もあります。これらの供物は神前結婚式や地鎮祭など多くの神道儀礼で使用されますので覚えておくといいでしょう。

● 成長の儀式食

出産・お食い初め

今ではほとんどなされませんが、出産に関して「産飯」というのがあります。これは茶碗に高く盛りつけたご飯で、「高盛飯」とも言います。

かつては「人は人生において三度、高盛飯を食べるもの」と言われていました。あとの二つが婚礼と葬儀の枕飯です。

高盛飯

出産後100日では、「お食い初め」の儀礼があります。

この祝い膳は「一汁三菜」を基本に、鯛など尾頭つき、赤飯、ハ

マグリの吸い物などを献立とします。また特徴的なものは、黒い小石などを「歯固めの石」として、赤ちゃんに噛ませるしぐさをすることもあります。このための塗りのお膳や食品セットなども、商戦たくましくなされています。

成人式（元服）

　著名な料亭などでは「成人式プラン」などの宴会セットをバラエティ豊かに提供しているようです。その内容は「祝い膳」として、高級素材や盛り付けのあでやかなものが多いのですが、儀式食的な慣例をほとんど意識してなく、工夫もありません。

　元服食の現代的再現として、一つの事例があります。

　京都鞍馬寺で軟禁されていた牛若丸（遮那王）には、出奔した後、東山道の宿場である近江の国「鏡の宿」（滋賀県蒲生郡竜王町大字鏡）にて16歳で元服して義経となったという伝説があります。（『平治物語』）この時代考証を町おこしの一助にしたいと考えた観光協会は、鎌倉時代の武士の宴会料理などの伝統的な食文化を有識者らに検証してもらい、「義経元服料理」として「鰤のぬた」などを「元服料理」に加えました。

婚儀
（こんぎ）

　共食観念にもとづく酒礼として三献の儀（三々九度）が象徴的で、男女が同じ酒を飲み交わすものです。

　儀式としては他に「水合わせの儀」（互いの出身地の水を合わせる）などがあります。

　婚儀では、夫婦二人の関係においてなされる共食と、「家」と「家」の親族間でなされる共食の他、新夫婦の社会的関係性で食を共にする式典としての「披露宴」があります。

　ここでは宗教的な食の禁忌は特段見当たりませんが、現代ではこ

の披露宴の構成要素が極めて細分化され、一連のセレモニーとして定番化しています。

節目年齢の祝い

慣習における節目年齢も、セレモニー・バンケットの「祝い宴席」の範疇でしょう。

還暦（かんれき）　61歳（満60歳）
古希（こき）　70歳
喜寿（きじゅ）　77歳
傘寿（さんじゅ）　80歳
米寿（べいじゅ）　88歳
卒寿（そつじゅ）　90歳
白寿（はくじゅ）　99歳
百寿（ひゃくじゅ）　100歳

葬儀

一般的に仏教の戒めに準じて、精進料理と言われているように食材の制限があります。動物性の食材は使用しません。また、臭気の強い野菜（ニンニクやニラ、ネギ・ラッキョウなど）も避ける傾向があります。しかし素材の禁忌は時代や地域によって異なります。

枕飯などは、直接食するわけではありません。枕団子もその儀式供物です。その団子は慣例が6個という地域もあれば13個という地域もあり、49個を食べ合うという習俗もあります。

関東地方では、上新粉を湯で溶いて丸めたものをお供えします。普通はゆでたり蒸したりしますが、死者の食べ物は日常とは異なるのでゆでたりしてはいけないという禁忌もあります。

葬祭における儀式食の詳細は、折々に触れていきます。

行事食

　儀式食と重なって年中行事や季節行事、あるいは供養行事等で、慣例的に特定の食物があります。基本的なことを知っておくとよいでしょう。

●行事慣例としての赤飯

　日本では主に慶事に赤飯が付き物ですが、葬儀に際しても赤飯は「ハレ」（非日常）の食物として付き物であることは前述したとおりです。それを踏まえたうえで、赤飯を行事食とする場面を整理しておきましょう。

　月単位で赤飯が登場する主な行事は、以下の通りです。

　　1月　元旦、成人の日
　　2月　節分
　　3月　ひなまつり、お彼岸
　　5月　子どもの日
　　8月　お盆
　　9月　敬老の日、お彼岸
　11月　七五三
　12月　大晦日

　人生の節目の行事で赤飯の登場する場面は、帯祝い・出産・お食い初め・誕生日・入学や卒業・成人や就職・還暦や古希などの年祝いなどがあります。

　また、「お朔日」と言って、新しい月の初めを祝うために毎月1日に赤飯を食べる、という地域慣例もあります。

●旧暦　春の行事食

1月　正月は、おせち料理・雑煮

　　　7日は、人日の節句で七草がゆ

　　　15日は、小正月で小豆がゆ

2月　3日は、節分で福豆や恵方巻、またヒイラギの枝に鰯の頭
　　　をさして門口に置き、邪鬼払いをするまじないがあります。
　　　初午（最初の午の日）には、いなり寿司という慣習もあり
　　　ます。これはお稲荷さんの使いである狐の好物、油揚げを
　　　使った料理です。

3月　3日は、桃の節句でちらし寿司や蛤のお吸い物、菱餅、ひ
　　　なあられや白酒なども雛壇の人形に供えて、ともにいただ
　　　きます。
　　　16日は、十六団子と言い、山から里へ田の神の「神迎え」
　　　を行います。この時のお供えとして団子を作ります。逆に
　　　山へ送る「神送り」は11月16日になります。
　　　20日は春分で、「ぼた餅」を仏壇に供えます。

●旧暦　夏の行事食

4月　8日は、花祭りでお釈迦様の生誕を祝います。
　　　誕生仏に甘茶をかけます。

5月　5日は、端午の節句で柏餅やちまきを食します。

6月　月末に夏越の祓があり半年分の厄災を払い落とします。

●旧暦　秋の行事食

7月　7日は、七夕です。そうめんなどをいただきます。

　　　七夕は五節句の一つで中国の星祭と言われ、中国の故事に「7月7日にそうめんを供えると、その年を無病息災に過ごせる」があり、そこからの慣習と言われています。

　　　7月20日から8月初旬の丑の日は土用の丑で、うなぎなど「う」の付く食べ物を良しとしています。

　　　土用は、立春・立夏・立秋・立冬の前にあたる18日間です。江戸時代からの風物として「土用の丑の日」にはうなぎを食べることが広まったと言われています。

8月　15日は、お盆（旧盆）で、盆棚を飾り、そうめんやいろいろな料理を並べてご先祖様のおもてなしとします。きゅうりの馬やなすの牛なども飾りとして供えます。現在ではハスの葉の上にジュレ風の料理を出すところもあります。

9月　9日は、重陽（ちょうよう）の節句で、お寺によっては菊酒を振る舞うところがあります。また菊にちなんだお菓子や栗ごはんなどもいただきます。重陽は奇数重なりで縁起の良い数でありこの時に厄払いを行うと良いとされています。また菊は花の鑑賞だけではなく薬草にもなり食用にもされています。

　　　15日は、十五夜です。この時はすすきと月見団子を供えてお月見をします。

　　　23日頃は秋分ですが、秋の彼岸は、ご先祖様に「おはぎ」をお供えします。俗説ですが春彼岸は牡丹の花に準じて牡丹餅（ぼたもち）と言い、秋彼岸では萩の花に準じて、おはぎと言うそうです。

●旧暦　冬の行事食

10月　中旬過ぎには十三夜があり、ここでも月見団子や栗ご飯
　　　などを食します。
　　　十五夜だけの月見は「片見月」で縁起が良くないとされ、
　　　この十三夜にも月見をする習わしを良しとしていました。
　　　収穫の祝いでもあり、大豆や栗などをお供えします。

11月　１日は、神迎えの朔日で赤飯を供えます。もともと朔日
　　　には赤飯を食べる「おついたち行事」があり、この日は
　　　10月（神無月）に出雲に出かけた神様が神社に戻る日と
　　　され、赤飯とお神酒をお供えして、神様を迎えます。
　　　また亥の子の日（11月最初の亥の日）は亥の子餅を食し
　　　ます。古代中国の伝統で、亥の月、亥の日、亥の刻に穀物
　　　を混ぜ込んだ餅を食べることで無病息災を祈願する行事と
　　　されていました。和菓子の老舗「虎屋」の説明を引用する
　　　と「『亥の子餅』は茶道の炉開きにも使われるお菓子」と
　　　いうことです。
　　　15日は、七五三です。このときの行事食は千歳飴です。
　　　千歳飴は紅白の飴で、親が子供の長寿を祈念して神社から
　　　授かるものです。
　　　16日は、「神送りの日」で、この日里に下りた田の神は山
　　　へ帰ります。春の３月16日と同じように、16の団子を作
　　　ってお供えします。

12月　１日は、乙子の朔日と言います。
　　　この日は水神を祀る行事で、川浸りの朔日とも言います。
　　　小豆飯や餅をついて食べると水難に遭わないと言われてい
　　　ます。

22日頃が冬至です。一年の中で最も昼が短く夜が長い日です。この時はかぼちゃを食べる慣習があります。またこの日には「冬至の七種」と呼ばれる、かぼちゃ（なんきん）、れんこん、ぎんなん、かんてん、うどん、にんじん、きんかん、の最後に「ん」の付く食物を、運がよくなるという語呂合わせで食べるところもあります。

31日の大晦日は、今でも年越しそばをいただく慣習が根強くあります。これにはいろいろな理由がありますが、そばは切れやすいことから、「一年の災厄を断ち切る」という意味も込められているようです。

葬祭における儀式食

　葬祭における儀式食には、いろいろな慣例や禁忌があり、現代でも頑なにその一部を伝承している地方もあります。

　例えば「赤飯」も、実は葬式には付き物の儀式食だったことは、前述したとおりです。

　精進の観念から、葬祭には肉魚は禁忌と言われていますが、あえて葬式に「魚」（なまぐさもの）を食する地方慣例もあります。

　葬送儀礼の民間習俗では日常では禁忌とされる行儀作法も多く、特に箸の扱いなどに関して多くの禁忌が今でもあります。

　例えば叩き箸（箸で食器を叩くことで悪霊を呼び寄せる）、立て箸・仏箸（箸をご飯に突き刺して立てる、仏式葬儀の枕飯）、違い箸（木と竹など異なる素材で対にした箸で、火葬後の骨上げではそのような箸を用いる）などです。

　共食の伝承では、木綿豆腐を一本箸で回し食いする、あるいは一同煮干しを口にくわえるなどの所作もあります。

●「通夜振る舞い」

　一般的に通夜での会食である「通夜振る舞い」やお葬式後の「お斎」「精進落とし」などを総称して「お浄め」「お清め」の宴席と呼びますが、浄土真宗の場合はこの「きよめ」という言葉を嫌うこともありますので注意してください。

　さて、「通夜振る舞い」の「振る舞い」が気になります。この振る舞いという語感に明るさを感じませんか。まさに振る舞いは「おもてなし」「ご接待」「饗応」なのです。振るには、振り分けるという意味が見出せます。舞うはまさに「舞う」、つまり踊りを踊るようなにぎやかさです。

　古事記伝説によると、アマテラスが天岩戸にお隠れ（死）になり、なんとか「再生」していただこうと閉ざされた岩戸の前で神々が大宴会を催しました。そしてその大騒ぎにつられて天岩戸が開き、アマテラスが復活したのです。

　これに死に際しての通夜施行の大きな要素に重ねてみれば、故人の魂を引き寄せて、できればよみがえり、復活や再生を祈願するものという目的のための宴会と捉えることもできます。

　このような意図から、「通夜振る舞い」は、故人の逝去年齢にもよりますが、しめやかな宴席ではなくにぎにぎしい宴席でもよいのではないかと思います。参列者が飲食を共にし旧交を温める中で、故人との思い出話に「花を咲かせる」というような宴会施行も、十分提案できると思います。

　現代のお葬式では、この通夜への会葬が圧倒的に多数で、翌日の「本番」である葬儀・告別式には会葬者がまばらという状況です。そうであるならば、この通夜宴席をどのように拡充するかを考えることも、今後のメモリアル・バンケットの大きな課題として意識しておく必要があります。

● 「直会」

　直会は、神事に際して行われる宴会です。

　儀式中にも「共食」がありますが、それはお神酒や五穀などの「まねごと」の飲食所作であることがほとんどです。

　神事が一通り終了すると本格的な宴会が催され、これを直会と言います。

　直会には直（なおす）という意があり、つまり「この飲食を境に非日常の世界から日常へ復帰する」という大きな目的を持った宴会なのです。祭りなどの後に「慰労会」的に行われているような光景も見られますが、その共同飲食の本来の意味を十分理解しておくとよいでしょう。

● 「お斎」

　お斎は法事や法要の終了した後に出される飲食のことを言います。地方によっては、お葬式の後の会食も「お斎の席」というふうに慣例的に呼称するところも多くあります。

　本来は仏事の一環としての会食ですので精進料理が原則ですが、最近は「慰労・接待」の意味合いが強く、特段その内容へのこだわりは薄いようです。

　いずれにしても仏事後の宴席ですので、僧侶や参列者への感謝の膳であると同時に、お葬式や法事では故人を偲ぶ共同飲食の一つである、という意識が大切です。

　お斎の「斎」の字は、仏教用語である「斎食（さいじき）」にも使用され、修行僧などが決まった時刻にとる食事のことを指します。

　「斎」には、そろう、そろえるなどから、「斉唱」「一斉」などの意味もあります。また、ととのう、ととのえる、あるいはひとしいという意味の他、おごそか、つつしむという意味から、物忌みなどの「潔斎（けっさい）」という言葉もあります。

●「精進落とし」

　これも葬儀後の宴会名称で、「お斎」と同義として使用されることが多々ありますが、この言葉の意味は基本的に「お斎」とは異なりますので、注意が必要です。

　精進落としは、本来は忌中期間（仏教慣習では四十九日忌）が満了するにあたり、忌中の謹慎から日常へ復帰するための節目の飲食になります。旧来は仏教思想に沿って、忌中のあいだは肉や魚を断ち精進料理を食する慣習がありました。四十九日の忌明けに際し通常の料理に戻すことが「精進落し」で、祓いのための宴席という意味を持っています。

　ただこれも、現代ではお葬式後の還骨法要に合わせて初七日忌法要が繰り上げて行われることに伴い、葬儀の当日に親しい会葬者への慰労や接待の宴会として行われるようになりました。

　都市部では、火葬場の帰路、自宅へ戻る途中にホテル・会館・レストランなどで、法要とこの精進落としを兼ねた宴席をすることも珍しくありません。この時の問題点は後述します。

メモリアル・バンケットの料理と飲料

バンケットのスタイルと料飲の提供は、「変成意識」を誘発する極めて大きな要因要素です。

この意識があることで参加者の感動が大きく広がります。

スタイル（正餐スタイルかブッフェスタイルか）、予算、人数、配膳技術のクオリティのレベル等々により内容は大きく変わります。

自信をもってお勧めできる、オリジナリティを有する提案内容が必要です。

●メニュー提案

飲食の提供が、「共食」という儀式概念や「布施」的な行為として重要なアイテムであるということを忘れてはなりません。メモリアル・バンケットの中心的なアカウンタビリティ（説明責任）となります。

今後の飲食提供がオリジナリティをもって創作されるのであれば、その意義を分かりやすく解説できるようにしましょう。

また、個別の要請や希望に従うことで、工夫の余地が顕在化してきます。

メモリアル・バンケットのメニュー構成はもちろん自由です。けれどもこの会は単なる「おもてなし」だけではなく、「故人を偲ぶ」という明確な意図があります。

よってその意図に寄り添うメニュー構成が求められることもあります。それはまた重要な営業課題となるでしょう。

例えば、故人の性格、生きざま、好み、功績、遺志、故郷、等々、故人の人生を連想させるような一品は、配慮が行き届いたものとして参加者の感動が得られるかもしれません。

たとえその一品がメニュー構成全体の流れに沿うものではないとしても、構いません。違和感も時には「変成意識」を育む大きな要素です。その一品から伝わってくる「見立て」や「なぞらえ」は、そこに暗喩されたものが伝わると大きな感動につながるからです。

　通例のメニュー構成を、今一度工夫されてもいいでしょう。

　それぞれの料理カテゴリーにおける、メモリアル・バンケットに対する考え方のヒントを提示したいと思います。

日本料理

　前述した儀式食、行事食が大きなヒントです。

　宴会の開催季節や「その日」に特定の行事食などがあれば、一品アレンジしてその由来書きなどを添えて出されると、趣が格段に違ってきます。

　料理だけに限りません。例えば老舗の料亭の最大の特徴は、その風情にあります。庭や建物、部屋の造りに加え、情緒を感じさせる季節の「室礼」がさりげなく施されています。まさに感性に触れるおもてなしがされていることで、私たちの意識が変成されます。

　日本料理のメモリアル・バンケットでは、ペーパーアイテムの工夫を強く求めたいところです。

　器や皿の下に敷く敷紙、料理を並べた上にかける掛紙、箸袋やお品書きのしおりなど、料理を取り巻くアイテムは数多くあります。既製品でもさまざまな形状タイプがあり、四季折々の草花のデザインも豊富です。慶事用、法事用もそれぞれありますが、相変わらず鶴亀寿と薄墨の蓮の花のデザインで、ありきたりです。

　今はコピーも印刷も安価で短時間、しかも小ロットでできる時代です。なぜペーパーアイテムをその人に合わせたオリジナルなものにしないのでしょうか。せっかくの接点機会を自ら放棄している怠慢さがうかがえます。

　文言もそうです。例えば会葬礼状ですが、葬祭業界はやっと今になってその形骸化に気が付いたようです。故人や遺族からのお礼の気持ちが全く伝わらない惰性的な既製文章で、名前と住所さえ入れ替えれば誰でも使えるという安易さに多くの人がうんざりしていました。しかし今ようやく、その人らしい一面を物語るような文面も配慮され、印刷文字も手書き風のものが使われるようになりました。

　ブライダルでは、印刷物のもつメッセージ性に対して敏感かつ貪欲です。ぜひブライダルにおける各種ペーパーアイテムを今一度参考にして、メモリアル・バンケットのいろいろなアイテムのデザインをアレンジすることをお勧めします。

　特に日本料理では、伝統的なお品書きやメッセージなどで、その効果が顕著になると思います。料理人はその料理の仕上がりに細心の配慮をしますが、その気配りは料理だけでは伝わりにくいものです。物言わぬ奥ゆかしさも大切ですが、やはり何か一言が添えてあることで、倍旧の気持ちが伝わります。

西洋料理

　正餐における西洋料理対応では、コース設定については特段のアレンジは不要かと思います。

　たとえ西洋料理であってもその食材に故人の郷土を代表する素材を利用したり、日本の行事食をアレンジしたりすることで、共感を得たバンケット進行がなされると思います。

　私の義母の法事も小さなフランス料理店を貸し切って行いましたが、そのお店の特徴は「フランス懐石」と銘打った洋食の懐石風メニューで、お箸でいただくものでしたので、高齢の叔父叔母らにはたいへん好評でした。

　このような手法も視野に入れて、あまり自分の中の固定観念でカテゴリーの区別をしないような意識も大切だと思いました。

中国料理

　中国料理のありがたいところは、円卓での大皿料理での取り分けが可能だということです。人数の把握に些少の余裕も生まれます。

　とはいえ、コロナ禍の現状ではこの取り分けの是非が問われます。これまでも高級中国料理店では一度大皿を披露したのちサービススタッフが取り分けていましたが、その形が多くなるでしょう。

　中国には独自の葬送文化があり、食や供物、その提供に関しての禁忌、作法が日本とは異なります。

　しかし日本のメモリアル・バンケットで中国料理を望まれる場合は、あまりその文化的な背景は意識されません。料理の嗜好やお店の格式そして意外と個室が多く、それもポイントとなるようです。

　中国料理にもいろいろなカテゴリーがありますが、一般的には滋味深くまた色彩のトーンも落ち着いています。慶事料理では、派手な盛り付けや鶴亀などの飾り付け、細工物が料理を引き立てます。

　メニューに関しては、法事料理としていろいろな情報発信をネットで見ますが、ほとんどが料金をもとにしたコース料理の提供であり、特段工夫がされていると思いません。

　肉の塊や鶏の丸焼きなどは、美味しいには違いありませんが、むき出しの骨などは葬儀後のお斎や法事料理としてはそぐわないでしょう。むしろ海鮮的なものあるいは薬膳的なものなどの方が、中国料理を供するメモリアル・バンケットを特徴づけるものと思います。

ビュッフェスタイル

　参加者が大人数になれば、ビュッフェスタイルは拡大します。宴席としてのメリットが大きくなりますので、メモリアル・バンケットとしての付加価値をそこに盛り込む余地が十分あります。

　ビュッフェとはフランス語で立食形式での食事のことで、決めら

れた場所に料理を並べて、各自が好きに取り分けできる宴会スタイルです。それぞれのテーブルに着席して飲食する場合と、立ったままで飲食する場合があります。また最初は立食でスタートして、人数が少なくなると着席になる場合もあります。これらは臨機応変に会場のスタッフが対応することです。

　一般的に大規模なお別れ会・偲ぶ会など「社葬」クラスのメモリアル・バンケットでは、最初のセレモニーが終了したら「献杯」をし、そのまま立食による飲食が始まることが多いものです。

　特徴的なのは、不特定多数の会葬者に対応できることです。飲み物も各種用意されています。

　メニューに関しては、これまでの経験から取り分けにくいものは敬遠されがちです。いわゆる「つまみやすい」オードブル的なものが好まれます。本来は長時間の飲食を伴わないのが原則ですし、トングをできるだけ使わないようにするために、スペイン風のピンチョスや、小皿や小さいグラスに小分けされた料理がいいのではないかと思います。料理やデザートの内容や量は、会葬者の性別や年齢層などを考慮して決めます。

　大きな施設では、この手の宴会はやり慣れているせいもあって、極めてパターン化された内容です。総体の金額により和洋中料理を折衷して、メニュー構成しているところも多くありますが、現状はあまりにも惰性化した、一般のビジネスホテルの朝食のようです。

　メモリアル・バンケットとしての意識や特徴を出しているビュッフェスタイルは、見たことがありません。

　もちろんセレモニー後の飲食ですから、何の制約もありませんが、この飲食にも「共食」という儀式観念があります。

　メモリアルにふさわしいスペースを設け、故人を偲ぶ郷土食やその季節に合わせた行事食のコーナーなどをしつらえてもいいのでは

ないかと思います。

　また、2段階にバンケットを分けている場合もあります。

　例えば前半は立食ですが、後半は着席にして親族や関係者、お手伝いしてくれた方々にあらためて慰労のための飲食をしていただくこともあります。

　ある結婚式会館で、「Farewell Party」（さよならパーティー）ということで約3500人の来場者を午前・午後の2部制で対応してビュッフェスタイルの宴席を施行したことがあります。この時の「会費」は、葬儀での香典授受の代わりもあるので1名2万円でした。

　普段結婚式をバンケットの主流にしている会場でも、いわゆる宴席名称を工夫し、しゃれたスタイルのバンケット導入を図ることができます。

　これからは「大安吉日」だけに頼ってバンケット受注を促すだけではなく、ぜひメモリアル・バンケットへのスマートな参入を検討してみてください。

●飲み物

　「献杯」は、会食開始の大きな発端になるものです。

　献杯の大原則として、それが「共食の儀式」であることを忘れてはいけません。そのためには、必ず参加者一同が「同じものを一緒に」いただきます。

　お酒も然りです。酒が飲めるか飲めないか、という問題ではありません。「口をつける」ことに意味があるのです。そこは「乾杯」と同じです。

　乾杯は、目線より上に杯を掲げて、声高らかに唱和し、飲み干したら拍手などをするのが通例です。

　これに対して献杯は、「音頭をとる」などと言ってはいけません。ご発声といっても、声を張り上げるものではありません。杯は目線

より下、胸の高さで頭は下げ気味で哀悼の意を込めます。唱和することなく、拍手ももちろんありません。

　これは儀式要素が多分に表出される場面であり、形を統一するためには「日本酒」がお薦めです。神事におけるお神酒、仏事における浄めでは、古来より「酒」が象徴的な供物だからです。

　例えば西洋料理の時、献杯はシャンパンでいいのでしょうか？個人的な提言ではありますが、日本人の基層的な霊性の感覚から考えると、献杯は真似事でも「日本酒」が良いと思います。

　グラスは洋風で構いませんし、冷酒用のクリスタルのものも各種あります。なぜそう思うかと言いますと、一つには日本酒はメモリアル・バンケットの理念を宴席における「こだわり」として示すことができる機会であるということです。ただ漫然とこの宴会を受注させていただいて施行しているわけではない、という自社の姿勢を伝えることになると思います。

　ある高級イタリア料理店の個室でのメモリアル・バンケット（法事）に立ち会った際の献杯では、ベネチアングラスに「日本酒」が注いでありました。

　施主の奥様の「主人は長く海外で仕事をしておりました。中でもイタリアが好きで、ワインのみならずアペロールやアマーロラマゾッティなども食前にいただいておりました。けれども主人の出身は京都なので、この献杯だけは故郷の伏見のお酒にさせていただきました。私どものわがままをご容赦ください」という前置きで、違和感なくイタリアレストランで日本酒の「献杯」がなされました。

　もちろん献杯以降の飲み物は、お好きなものを召し上がっていただければいいわけです。最初の「共食」部分が、日本の伝統食であるお酒でなされたということです。

　このように、日本は特段宗教的な作法や禁忌が日常の生活規制を

していない国なので、故人由来のアレンジは可能であり、かつ重要
だと思います。

　そこにもいろいろなこだわりを工夫できます。

　竹製の猪口を使い捨てにしたこともあります。「かわらけ」のよ
うな小皿を利用したこともあります。ここはそのあとが西洋料理と
しても、日本の伝統文化を意識させるところではないでしょうか。

　故人のためだけのオリジナルカクテルなども、感動の献杯となり
ます。加えて、そのカクテルの「名称」に故人の思い出に沿ったタ
イトルやストーリーがうかがえるとよいでしょう。

　その後の飲み物は施主や参加者の要望により自由に決められます
が、漫然とビール、ワイン、また冷酒のボトルなどをそのまま配膳
するのはやはり思慮不足です。

　例えば、その場の雰囲気にふさわしいと思われるボトルカバーで
ラッピングして、提供したことがあります。西陣織の瓶袋に房をつ
けて日本酒を包み、各テーブルに並べたこともあります。そのおか
げで、その宴席の価値が格段に上がりました。

～白上がり料理～

施主側の要望を満たすことは大切ですが、メモリアル・バンケットへの参加者がその料理に違和感を持つこともあるかもしれません。

通夜振る舞いのオードブルに骨付きから揚げを出した葬儀社がありましたが、あまりにも配慮のない無神経さです。

あるホテルの洋食部門のシェフさんから、お別れ会に真っ赤な大きなイセエビ（ロブスター）を出していいものかどうか？　というお尋ねがありました。

エビ料理はその色目で引き立てていくお料理で、祝い事には華やかなものです。特にイセエビは正月飾りのしつらえにもありますので、慶事向けという観念があります。シェフが真っ赤なロブスターを出すことに躊躇したのは、何かそこに素朴な奇異を感じたからに違いありません。しかし、ホワイトソースをかけたり塩釜で覆い隠したりすれば、赤は目立たなくなります。

それをメインとし、他の料理も「白」を基調としたコースにしたことがありました。最後もコーヒーや紅茶ではなく、白いデザートと一緒に白い飲み物を供しました。ここではヨーグルトドリンクでしたが、他にもミルク、タピオカ、甘酒、豆乳、乳酸飲料などが考えられます。

その宴席では、コース半ばまで誰もその意図に気づきませんでした。しかしなんとなくいつもと違うものを感じた人たちが、その料理意図を理解し、デザートの頃には感動が宴席全体に広がりました。

このように、非日常としてこれまでの既成概念を越えて、「メモリアル・バンケットらしい」料理の工夫をするとよいでしょう。

「白あがりコース料理」は、大成功でした。そしてその後、統一した色目の料理が提供されるようになりました。

～イギリス・アメリカのメモリアル・バンケット事情～

　現代ではキリスト教とあるいは無宗教的な葬儀が多く、ほとんどが葬儀社の手に委ねられ、教会や葬儀社のフューネラルハウス（葬祭のためのチャペル）で行われています。会葬も小規模です。

　教会での飲食は基本的にできませんが、葬祭業者のフューネラルハウスや葬儀後の故人宅で、遺族と親しい人だけでメモリア・パーティーをすることが増えてきました。

　特にメモリアル・バンケットとしての料理構成があるわけではありませんが、サンドイッチやピザなど軽食的なものとワインなどが振る舞われます。最近でカリフォルニアロールなどの寿司も見られます。

　ほとんど立食でのホームパーティー的な施行で、短時間で終了するようです。

第4章

生前葬・慰霊式典

生前葬（プレ・メモリアル）

　生前葬（プレ・メモリアル　生前の告別式）を希望する人が、出始めました。

　その時には、当事者の「人生の節目」として捉え、前述した還暦以降の年祝いと連動させることも大事なポイントです。

　当事者にとっては祝いの場ですが、将来確実に喪主となる次世代にとっては前倒しの「告別式」であり、生前の親孝行ができる大きな機会でもあります。

　本当に逝去した後からではできない、伝わらないかもしれない気持ちをそこで表しておくことは、喪主となる人にとって人生の大きなステップになるのではないでしょうか。

　また、喪主になる人の子や孫にとっては、人生における情操を育む得難い機会になると思います。

　「親孝行」というキーワードを活かして、メモリアル・バンケットを拡充することもできると思います。

　多くの高齢者は、「子どもたちに迷惑をかけたくない」という、強い気持ちを持っているものです。

　戦後の核家族が培ってきたこのような家族風土の中には、親として子に「遠慮」することで円満に過ごせる、という幻想があるように思われます。そして「子どもの世話にはなりたくない」という自負が、実際どれほど「迷惑」をかけているかを、死んだ当事者は知らないことが多いのです。

　これまでのお葬式の中で、労力的にも金銭的にも、また精神性においても一番負担のかかるのは「告別式」でした。対外的に失礼があってはいけない、という思いが強く反映されるからです。

　私たちは「世間」に「さま」をつけて意識しているくらい、他者

との関係を気にする民俗心理があります。そのためこれまでのお葬式は、経験値もない中、滞りなく無難に進めることに精いっぱいでした。あとから冷静になった時、そのようなお葬式に価値を見出すことは難しいものです。

「お葬式無用論」が半世紀も前から文化人、有識者の中で唱えられてきたのもそのような背景の兆しがあったからに違いありません。

一方、生前に施行する「プレ・メモリアル」はその告別式の前倒しですから、「本人」と意思の疎通を図りながら、事が運ばれます。どれだけ「楽で有意義な経験と出費」になるでしょう。

はっきり言えば「祭壇」の経費を「おもてなし」に置き換えることができます。その結果集う方々に良い印象を与えることができるのなら、この選択肢は自信を持って勧めることができます。

●企画

これまでの「生前葬」はたいへん軽薄な茶番寸劇を見るようで、苦笑ものでした。ホテルに棺を持ち込み、そこから本人が死に装束を身に着けて登場するなど、ドリフのコントのようなあざとさを感じたり、芸能人の売名的な話題提供イベントであったりしました。

けれども、生前にお葬式を行うという発想は江戸時代の芝居の中に既にあり、例えば鶴屋南北は生前あらかじめ書き上げた自らの弔いをめでたい萬歳に仕立てた『寂光門松後萬歳（しでのかどまつごまんざい）』という作品を残しています。

プレ・メモリアルは、全く自由な発想で構わないわけで、存命中の当事者が「主役」の宴席ですから、「本人」の望む進行や演出などは自由に連動させるべきです。

ただし自分自身の節目をつけると同時に、それが世間との節目として共有できることにも留意しなければなりません。

また、本当に逝去した際の施行について宣言をして、あらかじめ理解を得る場とするなど、意図が明確に伝わることも大切なプロットです。

　告別式のバリエーションを参考にすると同時に、ブライダルの「披露宴」がどのようなアレンジやバリエーションでなされているかも、大いに参考になります。

オリジナルカラー

　プレ・メモリアルのコンセプトの一つとして、オリジナルカラーを定めるとよいでしょう。

　通常「紅白」が慶事で「黒白」が弔事という概念がありますが、生前の「告別式」カラーは明るい色が好ましいでしょう。

　このような発想から、いろいろなアイテムや演出方法を発想することが重要です。

　またこのプレ・メモリアルという名称も発想を広げたいものです。

◆生前葬 事例
【基本情報】

　80歳を超えたお一人暮らしの女性の、この先のことを考えてこれまでお世話になった方々や身近な親戚などに対して「一つの節目」をつけておきたい、という希望を受けて施行しました。

　基本的には会食を中心にしたバンケットになります。開催趣旨を盛り込んだご案内状の作成と出欠の取りまとめなどの準備をして、約50名の出席者が決まりました。

　正餐のメモリアル・バンケットとして、着席スタイルで行いました。参加者内容はおおまかに親族・友人・職場関係で、家族連れも多く、赤ちゃんや幼児もいてにぎやかな宴席になりました。

　また、会費（お花代）として、各自1万円を授受しました。

【施行実務】

　装飾は、「告別式」を意識していただくためにも一部分お葬式のような雰囲気も必要ということで、オブジェ的な生花祭壇を設置して、本人の元気な写真を飾りました。

　献花は、単に台上において捧げるのではなく、それぞれそのオブジェ祭壇の好きなところに各自で挿していただくようにしました。参加者全員で手作りの生花祭壇を「完成」させていただくわけです。

　進行は、まず開催にあたっての趣旨説明を行いました。この集まりを人生の節目として、皆さんにかかわっていただく意味をお伝えしたのです。その後「本人」が喪服姿で元気にお礼のあいさつを述べられて、ここでは献杯ならぬ「乾杯」で、ご長寿とこれまでのお付き合いに感謝の気持ちを込めていただきました。

　この時、演出として会場前面にある大きな窓のカーテンを全開にしました。そこから見える湘南のまぶしい海はキラキラと輝いていて、一瞬で参加者の意識が明るいものに変化しました。

　その後の会食では、それぞれがこれまでの思い出話を披露して、にぎやかな宴席になりました。

　最後に本人の兄弟が代表でお礼の挨拶をされるとともに、一つのお願い（宣言）をされました。

　「この先、高年齢でもありますので、姉に万が一のことがあるかもしれません。また、介護や認知などで施設のお世話になるかもしれません。今日こんなにも楽しい一日を皆さんと過ごしたことは、何より大きな人生の節目をいただいたということでございます。何年か何十年か先にはあの世へ参りますが、もう既にいっぱいの思い出をいただきましたので、もし本当に旅立つ時が来たとしてもその時は皆さまにお知らせしません。私ども家族のみで葬儀を営みたいと思っております。その後皆様にはご報告としてお知らせをお伝えすることを、どうかご容赦ください」。

【事後検証】

このプレ・メモリアルは「告別式」の前倒し施行です。そのため、「葬儀」はどうするかのご案内をしなければ、その宴席の意味が成立しません。

通常は「葬儀は密葬」で、「本葬・告別式はメモリアル・バンケット」でという位置づけで施行されるものですが、このケースはその逆となります。

この宴席の良い点は、慶事としても成り立ち、その中でメモリアルの要素を含ませるアレンジが十分可能だということです。

むしろこれからのバンケット拡充の視点をこのプレ・メモリアルに置くという発想こそが、大事なビジネス観点になるでしょう。

新盆慰霊式典

私は、ある葬儀社のイベント「慰霊式典」の開催を毎年プロデュースしています。それは葬儀社がお盆を起点に、一年間にご縁をいただいて葬儀施行させていただいた葬家のための「新盆慰霊式典」として行うものです。

この主旨は、「葬祭のスタッフが業務として接したその一年間の御霊に対してあらためて礼拝する、そしてそれを節目として自己の業務におけるさまざまな反省や誓いなどを念ずる」ために行っているものです。

葬祭業は毎日のように葬儀に接しているわけですから、ついつい真摯な礼拝の念を忘れてしまうこともありがちです。ですから、これを機に自分の業務に対する自覚を更新してもらうということが大きな目的なのです。

そこに、施行させていただいたご葬家の方々にもお声がけし、で

きればご参加していただきます。自社の葬儀社としての供養に対する姿勢を見て、故人のお見送りをそういう手厚い葬儀社に委ねたと感じて安心していただくことも、伏線にあります。当然のことながら、これは高度なサービス手法とも言えます。

　この式典では、無宗教による礼拝で「献花」を捧げます。代表者である社長に続き、役員、スタッフ全員、そしてパートさんまでが拝礼します。その後にお招きしたご遺族の方々に献花をしていただきます。

　一見順序が逆のように思われますが、目的を考えればまず業務としてかかわったスタッフが先にお参りをさせていただくことは、決して間違いではありません。

　その経緯をさりげなくアナウンスすることで、より一層この式典の意味と深いサービス精神が伝わります。これも演出の一つです。

　進行やアナウンスにメリハリをつけるものが、BGMや照明などの演出です。この式典では琴の演奏による「献奏」と、献花中のBGMが大変好評です。

　照明の明暗も意味を持って切り替えることが必要で、あまり頻繁な展開は落ち着きません。強いて言えば、黙禱時の全消灯や弔辞者と遺影などへのピンスポットライトなどが一般的です。

　「慰霊式典」では、お招きした遺族の方々にお食事で「おもてなし」をします。そうして帰りがけにはお墓参り用の花束をお持ち帰りいただいています。

　このようなサービスには、あざとさが全く感じられません。

　多くの葬儀社が「営業目的」で人集めし、ご接待の飲食や小旅行などを無償もしくは格安で提供しています。しかし消費者はその見え見えのサービスを満喫するだけで、わざとらしい説明に心が動かされることはありません。

なぜ飲食提供があるのか、それは何のためか、などの説明責任が
丁寧に果たされていないと、日本的サービスが貶められていくだけ
です。

　この慰霊祭における飲食の提供は、葬儀社の宣伝のためではあり
ません。れっきとした理由として、まず自社スタッフのための行事
に、お客様である葬家の皆さまが来ていただいたことへの「感謝」
の気持ちです。

　また、来ていただいた方々のご拝礼は、自分の故人だけに対する
ものだけではなく、そこに参集している不特定多数の故人に際して
もお参りしていることになります。いわば「施餓鬼供養」（不特定
な霊魂の救済を祈願祈念する供養行為）となり、そこには布施とい
う概念があります。

　この布施というのは、広く施しをするということが本義です。で
すから主催する葬儀社は、葬儀を施行させていただいたことで会社
の利益を生み出したわけですから、少しでもお返しするという行為
として飲食提供をします。これがまさに「布施行為」です。

　加えて、お墓参りのお花をお土産にしていることで、故人に対し
ての供養の一端を支援している、という壮大なサービス概念を体現
しているわけです。

　ここでの料理は「お持ち帰り」を原則としています。一葬家に一
つではなく、銘々に渡しています。別室のホールで召し上がってい
く方も多く、そこでは飲み物なども提供しています。

　食事は約1,000円（上代）、花束は一葬家に一つですが約3,000円
（上代）です。

　例年500件くらいの葬儀施行をして、この慰霊式典には半数の
方々が家族連れで来られますので300名を超える出席者となります。

～沖縄のメモリアル・バンケット事情～

　かつて琉球国と呼ばれていた沖縄は、大陸の影響、土着の風習、そして日本のしきたりなどが融合したことで独自のメモリアル・バンケットが構成されています。

　沖縄は中国とのかかわりが深く、いまだにいろいろな日常文化や食文化にも受け継がれています。

　沖縄には特有の行事食が多くありますが、特に葬祭に関しては厳密な先祖祭祀の慣例が強く残存して、供物や振る舞い料理の構成などは今でも反映されています。

　古い文献資料などには「焼香行事食」として、代々家々の「家礼」として細かく指示され、その伝承が残されています。

　一例では、『四本堂家礼』（18世紀清朝の乾隆帝時代の古文書）があり、その一部が沖縄県教育委員会で復元刊行されています。

　その「葬礼・喪礼」の部分に久米村（現在の那覇市久米あたり）の葬祭における飲食規定が、細かに記述されています。

　逝去から葬儀、埋葬、初七日、四九日忌、百日忌以降、一、三、七、二五、三三年忌などにより献立内容が変化します。

　逝去の年には、餅、サトウキビ、九年母（柑橘果物）、芭蕉の実（バナナ）、素麺、油餅（台湾料理のロービンのようなもの）が供物とされ、供されるものは膾・汁・小皿・飯の精進料理と指示をしています。

　法事の年月が経つごとに、供物も振る舞いも品数が増えていきます。25年以上の先祖祭りには、孔子廟に捧げられる供物と同じように、「三味」と呼ばれる中国の「ごちそう」が供物となります。その内容は鶏、豚、魚、エビ、カニ、お酒や塩などですが、特徴的なのは「紙銭」で、これはあの世で使うためのお金です。

同じような行事マニュアル『嘉徳堂規模帳』では、一周忌に「豚の頭」が供物として出てきます。その供物や献立も事細かく、檀上の並べ方まで指示してあります。霊前のお供え品目だけではなく会葬者（法要などへの参加者としての「焼香客」）への供卓配置図などもあり、中国式のおもてなしをします。

　特に先祖供養の観念が強い沖縄の離島では、十六日祭りの旧暦の１月１６日は、「あの世の正月」としてお墓参りをし、その前で盛大に飲食をします。この時には豚三枚肉の煮つけ（ラフテーなど）や魚の天ぷら、豆腐料理など風土食を重箱に詰めて、一同全員でいただきます。
　沖縄全土で最もにぎやかなものは３月初旬の「清明祭」（シーミー）で、この時のテイクアウト用折詰の重箱は予約制でスーパーやコンビニでも事前に受け付けています。

第5章

お別れの会

告別式が社会的対応であることから、それをお別れ会に置き換え
たときに大切なのは、「お別れの会は決して葬儀の延長線ではなく、
セレモニー（式典）である」という印象を与えることです。

　一般的には「○○さんお別れ会」「○○氏を偲ぶ会」「○○君を語
る会」「○○感謝の会」など「会」を当てはめた宴席名称が多く、
分かりやすい名称で馴染んできていますが、開催趣旨のより伝わる
ような宴席名称が望まれるところです。

お別れ会　2つのパターン

　多くの場合、近親者のみによる「葬儀」の後、「告別式」の意味
合いで「お別れ会」「偲ぶ会」などのメモリアル・バンケットが施
行されるケースが一般的です。

　ここでも二つのケースが考えられます。

　一つは、葬儀は家族のみで「密葬」し、その後「会」としてメモ
リアル・バンケットを催したいと最初から予定している方々です。

　もう一つは、「内々の葬儀」の後、世間的な悔恨を向けられ、そ
の対応としてなされる「告別式」に代わる施行です。このケースも
現代では多く望まれています。近親者のみの葬儀を執り行い、安心
したのも束の間、故人の死を漏れ伝え聞いた友人や関係者による弔
問や問い合わせがあまりにも多く、それならば日時を定めてあらた
めてその死を公示し、友人・知人などのために「追悼の会」を開こ
うとするものです。

　お別れの会は、友人など第三者が「主催者」（施主）になる事も
あります。必ずしも故人の遺族や関係者でなくとも構いません。例
えばアイドルやスターに対するファンが開催してもよいわけです。

構成

　メモリアル・バンケットである「お別れ会」は、告別式に準じた
セレモニーで、施行方法は自由です。主催する側の意思で決められ、
その制約は何もありません。

　「手法」「施行場所」「目的」もほんの一部であり、どのように広
げても構いません。それぞれの施設や運用、また営業的な視点から
オリジナルな組み合わせを考えるとよいでしょう。

　下記の図は、三つの要素でお別れ会がなされるとして、その組み
合わせを考えてみようというものです。ただし本書の設定としては、
「施行場所」をバンケットルームに限っているので、あらためて
「手法」や「目的」を多角的に組み合わせてみる必要があります。

メモリアル・バンケットの構成

手法	施行場所	目的
生花	式場	追悼
音楽	寺院	歴史
展示	ホテル	お礼
飲食	自宅	友好
歓談	自然	宣伝
献花	船上	
献灯	その他	追善‥布施

進行

　現状なされているお別れ会の進行は、おおまかに眺めると「セレモニー部分」と「会食部分」の二つの要素に分かれています。

　セレモニー部分は、哀悼の意を表する各種の式典で、おもに弔辞的なものや礼拝的なもの（黙禱、献花など）があります。

　会食部分はご慰労やご歓談などを中心としたものになります。

　お別れ会の典型的な進行例として、式次第を挙げておきましょう。

「セレモニー部分」

- 　会場内着席
- 　開式
- 　主催者（施主）挨拶（葬儀の報告やその経緯などの説明）
- 　黙禱
- 　弔辞などの奉読（お別れの言葉）
- 　着席者の献花

　　　（献花後はその動線で会食スペースにご案内・移動）

「会食部分」

- 　会食室での進行
- 　献杯
- 　会食・歓談
- 　主催者（施主）など御礼挨拶
- 　散会

進行アレンジ

　式次第は全く自由で、どのようなアレンジも可能です。そこにどのようなオリジナリティを有した進行や演出を盛り込んでいくか、それが重要な課題となります。

具体的な進行手法例として、

- セレモニー部分を前半に集約して、
  後半は飲食そのものを味わっていただける工夫
- パーティーの進行各所にセレモニー部分をちりばめる工夫
- パーティー開式と閉会前後にセレモニー部分を配置する演出
- メニューそのものがセレモニーに順じた内容で提供されていく
- 音響や照明など視覚、聴覚的なものだけではなく、
  五感に触れる雰囲気を工夫
- 展示やセレモニーなどの場所を別室などにして、
  飲食と切り離す

この他にもいろいろなアイデアがあると思います。
ぜひ、幅広く考えてみてください。

演出

　セレモニー部分は、弔辞、弔電、各種の挨拶、各種のナレーション、献花、献灯、献奏等々これまでの告別式の中で行われてきたイメージと重なりますが、そこには新しい発想やスマートな演出効果などが欠如しています。ブライダルの披露宴に学ぶことも必要です。
　肝心なことは、緊張感と開放感のメリハリをつけることから感動を引き出していくことです。
　また、料理に対する感動は大きなものであると思います。
　メニュー構成のみならず、その料理内容の意味や出し方のストーリー性は、葬祭全体の印象を良きものとして感動を覚えさせます。
　演出の要素には、次のものがあります。

●言葉

お別れの会は、弔辞に代表される「言葉の典礼」とも言えるでしょう。

故人の功績や感謝の言葉、思い出などが、おもに社会的な関係者や友人から語られます。この語りについても特に形式はありませんが、時間的には各人、3分前後が区切りとなります。数人の関係者にあらかじめお願いしておくことが前提ですが、その場で「飛び入り」ということもあります。

できればあらかじめ配布する式次第などに記名し、弔辞者などのプロフィールも載せておかれるとよいでしょう。

また、バンケットスタッフもそれを把握しておくことが必要です。

●遺影

通常の観念として、追悼などの場合には故人の遺影写真を掲示するものと誰しも思っています。しかしながら、私たちが故人を偲ぶに際して「写真」を掲げることは大昔からなされていたわけではありません。カメラの発明や写真の普及など、文明的な機材が普及したことが前提です。

では、それまでの葬祭では何をよりどころとして故人を偲んでいたでしょうか。分かりやすいのはお墓です。あの墓石に刻まれた「○○家先祖」の無機的な印象から、私たちはいろいろな祖先を漠然と思う気持ちになります。

同じようにお位牌も、文字面を記した木の板ではありますが、眺めることによって故人を思い浮かべることができました。

明治時代には肖像画やモノクロ写真が普及し、以降その時代は長く続きました。分かりにくい戒名の文言よりは、写真を見れば何の苦労もなく故人を見ることができます。それが葬儀・告別式には重要なアイテムとなり、遺影写真は欠かせないものになっています。

　平成期あたりからは、かしこまった姿よりも普段の自然なイメージが好まれるようになり、今ではにっこり笑ったものも違和感がありませんし、むしろ良いとされています。

　あるお別れ会で用いた遺影は、故人の「後ろ姿」でした。故人らしさが伝わり、なかなか印象深いものでした。

　写真の設置には、いろいろと工夫が必要です。普通は生花祭壇などの装飾の中で、中心的に掲示されます。大型ディスプレイやスクリーンを使った映像などで複数を投影する演出もあります。

　どのような表出も制限はありませんが、会葬者が何を望むかを把握しておくことが肝要です。写真の技術の向上もあり、まだまだビジュアル的に工夫の余地が多々あると思います。

●展示

　一方で、遺影写真を使用しないお別れ会や偲ぶ会も出てきました。告別式＝遺影写真という一つの時代は終わったとみる向きもあるのです。つまり、故人をそれぞれが独自の「想像」で思い浮かべるという感性を相手に引き出させることで、各自が故人を偲ぶ姿に「均一性・既成性」を与えないことも、一つの演出といえます。

　そこでは、遺品の象徴的な展示として帽子やコート、あるいは履物など故人が身に着けていたものや、故人の生きざまに最もふさわしいと誰もが認知していたものなどが置かれています。愛用品、あるいは嗜好品（酒、好物など）でもよいでしょう。

　例えば故人の帽子がぽつんと置かれていた時、ある人はその帽子をかぶって颯爽と歩いている故人の姿を思い浮かべるかもしれません。またある人は、居酒屋でその帽子をかぶった故人と待ち合わせして一杯飲んだことを思い出すかもしれません。

　これが写真ですと、投げかけられたその姿だけを故人として受け止めてしまいます。これは既成の想像を押し付けることになります。

故人の愛用品や表彰、遺勲を表すには、展示されるものや配置にも注意が必要です。特に勲章、勲記などは、他では得難い社会的地位の表象で、金銭では計り知れないたいへん希少なものです。

　また、装飾品や美術品などは、破損や瑕疵事故などを防ぐ警備やその配慮が重要です。

●生花祭壇

　お花は装飾の中心的存在ですが、その規模はいろいろで、デザインも生花の施工技術の向上で素晴らしい表現ができるようになりました。最近は、単品の生け花や壺活け、枝もの、あるいは庭園スタイルなど、その意匠もさまざまあります。

　ただし、最も経費の比重が大きくなるアイテムでもあります。

●音楽

　音楽は、生演奏や音響機器などで会場内に流されます。重要な儀式要素として式次第に組み入れられることも多く、故人の愛着のある曲目が選定されます。生演奏で、奏者から故人に対して「献奏」がなされることもあります。

　生演奏の場合、楽器やユニットの編成は自由ですが、弦楽四重奏などのスタイルが好まれています。また邦楽などの献奏も寂寥感があり、箏曲なども優雅で風情を感じさせてくれます。

　儀式要素としての場面の他、献花時や会食時のBGMとしても音楽は演出の重要な役割を担います。この選曲は主催者の意思により、一つのメッセージとなります。

●映像

　ブライダルでいうところのプロフィールビデオですが、内容によりどのタイミングで放映するかを、十分吟味する必要があります。

　ドキュメント的な重々しいものであればセレモニー部分で、楽しい思い出的なものであれば会食時の「余興」としてなど、考慮しておくとよいでしょう。

　多くの場合、人生の時系列に沿った流れで放映されます。生まれた時から現代に至る人生を順次紹介していくもので、故人の人生を振り返ります。

　最近では、フィルムライブラリーから当時の世相を収めた記録映像が分譲されており、少し時間をかければかなり迫真のあるメモリアルビデオも容易にできるようになりました。

　外注で専門家に制作依頼することも多々ありますが、そのコンテンツは当然ながら担当者と顧客との話し合いによって決めなければなりません。

　これまでのお別れ会でたいへん印象的な放映の例を伝授しますと、時系列を「逆」にしたものが感動的でした。

　現代の「その人」から、映像は順次若い年代にさかのぼっていくのです。そうして生まれた直後の写真（あればですが）で終了します。その余韻の中でなにかしら深い感性に触れたような気分になるのでしょうか、参加者から「まるで日本人の死生観を感じた気がした」などというコメントをいただきました。

　そのお別れ会では、「また生まれ変わってくる」ことへの希望をほのかに伝えることができたようです。これもオリジナルな映像提案だと思います。

●セレモニーアイテム

　ブライダルの演出を参考にしてもよいでしょう。ケーキカットやキャンドルサービスなど、メモリアル・バンケットにも応用できるセレモニーアイテムがいくつもあります。

日本の伝統行事や通過儀礼、人生儀礼の行い事にも参考にできるものがたくさんあるので、普段から神事や祭礼などの儀式、式典などを見ておくとよいでしょう。

●交流

これらは着席時のテーブル配置や席次にも大いに関係します。ブッフェスタイルにおいても、交流しやすい動線配置や談話スペースなどの工夫が必要です。

◆お別れの会 事例1

日本舞踊の家元さまの逝去による本葬です。すでに密葬は近親者のみで営まれその後、お弟子さんらが主催して関係者をお招きしたお別れ会となりました。

【基本情報】

主催は家元流派のお弟子さんによる実行委員会で、当日はお弟子さんたちが受付・誘導・接客・返礼品のお渡しなどそれぞれ役割分担したお手伝いを果たしました。

香典・供花の授受は、当日受付にてその対応がなされました。

宗家としての伝統やこの世界独自のしきたりなどもありましたので、十分事前の説明や指示をいただきました。大方のスタッフは配膳サービス以外の接遇には、必ずお弟子さんたちお手伝いの方にお尋ねしながら進めるように指示をしました。

このケースでは、ホテル指定の生花店は利用せず、実行委員会から指定された生花店が施工担当しました。舞踊界と生花関係は極めて密接なお付き合いがあるので、そこをホテル側に理解していただいた次第です。

【施行実務】

　故人が舞踊の家元ということもあり、人間国宝の邦楽関係者など高名な来賓の誘導には、ベテランのスタッフとお弟子さんの中でも高弟を配置しました。

　装飾は、花祭壇を和風にしつらえ、会場内装とのバランスや色調なども考慮しました。

　遺影は、大きめのタペストリーを利用して、故人の舞姿全身を掲げました。

　大きな特徴は、生花祭壇の施工です。これは供花奉納者の「お花を利用して」というコンセプトで制作し、供花者奉納の名前は「芳名板」として会場後部に「順不同」「あいうえお順」で掲示しました。つまり生花祭壇は約200名近い供花奉納者の「供花代」によって賄われているのです。その結果、主催者側の祭壇施工にかかわる出費は差し引き0円となりました。

　会場内にはメモリアルコーナーも設け、これまでの業績における表彰状や思い出の品々を展示しました。ロビーには、舞台衣装としての着物を大衣桁に掛けて展示しました。

　進行は、前半はセレモニーとして主催者、関係者の弔辞などを祭壇前にて行いました。着席者はあらかじめ指定し、一般参加者は会場の後部に立って参列しています。

　拝礼方法は「献花」ですが、これは同じ花で統一するのではなく、その季節の色とりどりのお花を取り混ぜて捧げました。

　おおよそ20分近いセレモニーの後、献花となり、そのままテーブルの方へ参集いただきました。会場前部椅子席は一部分残して撤去しました。

　献杯に続き会食歓談となりそれぞれが旧交を温めました。

　中締めは、遺族・主催者から参加者に対するお礼の挨拶で、その

後自然散会となりました。

　参加者が会場内から出た後に、お弟子さんら総勢50名ほどが参集して、実行委員の方からねぎらいの挨拶を受け、全員での集合写真を撮影して後片付けとなりました。

【事後検証】

　尺八や三味線などの演奏もあり、式典としては格調の高いものとなりました。ただ舞台は特に設けていませんので、後ろの方からは見えづらかったのではないかと思います。

　年齢的にも高齢者が多いので、今後のビュッフェスタイルの在り方も臨機応変な対応も、一層配慮が必要だと感じました。

◆お別れの会 事例2

【基本情報】

　ご主人に対する余命宣告をされていたため、ご夫婦の「覚悟」は大きな心労であったと思われますが、奥様からは「思うようにお見送りをしたい」との希望で、生前から相談を受けておりました。

　東京の病院で逝去された後、都内の家族葬専門ホールにて、身近な方々による無宗教の密葬「お見送りの会」を開催しました。直接のご遺族は奥様だけで、あとは親しい友人中心に30名ほどが参集しました。

　翌日は数名で火葬場へ赴き茶毘、その後会食でした。

　その約一月後には、ご主人の実家のある京都で本葬を執り行うという予定で進めました。ご主人は自分のお仕事以外に実家の会社役員でもあったので、どうしてもそのような社会的対応が必要であったわけです。

【施行実務】

　密葬の施行は、祭壇をしつらえるわけではなく、ご主人をベッドで就寝しているように安置して、安らかな寝顔の周りに献花を捧げるというものです。たいへん穏やかな「死に顔」で、ある意味人生を全うされた安堵感を漂わせていました。

　葬祭ホールは、東京でも稀有のホテル認可を取っている葬儀社のスイートルームでした。リビングスタイルの広間とツインルームを２部屋併設した、これまでにない空間です。そこで友人の娘さんらがピアノ演奏したり、歌を捧げたり、またワゴンに載せたお酒やおつまみを楽しんだりと、にぎやかな一夜を過ごされました。これまでの固定観念にない「通夜」の施行でした。

　京都の本葬は、遺影と簡単な生花装飾を京都の老舗葬儀社に委託して、飾り付けと総合司会をお願いしました。

　前半はセレモニーとして挨拶や弔辞の他、弦楽四重奏を入れて「献奏」を行いました。参列者には献花を奉じていただき、同会場の後部に配置されたビュッフェ形式のテーブルの前で献杯、会食歓談の後、自然解散となりました。最後は会社関係者のお手伝いの方々に対して喪主の奥様、主催の会社社長よりお礼の言葉をいただき終了です。

　この本葬には約2000名の参列者が来られたので、ロビーにも多数の椅子を設置して、順次献花へのご案内をしました。ロビーには会場内でのセレモニーを映すモニターが設置され、待機者にはそれをご覧いただきました。

　セレモニー部分は約30分で、献花、会食は順次ご案内して、約２時間かかりました。献花のみでお帰りになる方もいました。

　受付は記帳のみです。香典・会費等の授受は固辞されるということで、香典に対する返礼はありませんが、「会葬お礼」として、自社ブランドの製品を礼状とともにお持ち帰りいただきました。

【事後検証】

　セレモニー参列者として関係者はあらかじめ人数を把握することが可能でしたが、本葬への参列者は不特定多数にわたり、予想以上に来られました。当初は800名くらいの目算でしたが、2000名以上の来場者で、そのフロアの廊下やロビーなど全面使用となりました。幸いホテルの一番広い会場の確保があらかじめなされていたことと、その階のフロアが全面利用できたことで対応できました。キャパシティが限られているので飲み物以外の追加はありませんでした。来場者の質が高く、思ったほどのざわつき感はありませんでした。

　参列者の数の予測はたいへん難しいものです。訃報連絡の行き届き具合などもありますが、やはり故人の遺徳の評価であると思います。

　遺族はそのあたりを「控え目」に言うことが多くありますが、そこは冷静に故人の社会的評価などを推し量らなければなりません。

～中国のメモリアル・バンケット事情～

　基本的に、近代中国は共産主義国として宗教も伝統的な儀礼も排除することを基本とした国体ですが、葬儀やお墓に関しても因習の排除は何よりも大きな課題でした。

　近年は、簡素化により「殯儀館」（葬祭ホール）で行われ、特に会食などはその場でなされていません。しかしながら、家族単位での飲食接待は独自のしきたりで個々になされているようです。

　中国には多数の民族がいますので、政治体制とは別に多くは地域風習が根強く残存し、それを踏襲しています。

　西域地方のウィグル自治区などの田舎ではラマ教による「鳥葬」もなされていましたが、今は厳しく取り締まられているようです。

　基本的に葬儀前の弔問時には故人尊崇に対応して「ご馳走」を多くお供えして、それらを弔問者に振る舞うことがあるようです。

第6章

施行当日

遺影・位牌の取り扱い

遺骨や位牌など霊性を有したものは、メモリアル・バンケットにおいては全くかかわりのないものとして認識してください。

多くのホテル・会館は、これらの持ち込みに多大な「忌避感」を有しています。そのためにわざわざ「裏口」や一般客が通らない「従業員動線」を通って「運んで」いるところも見受けますが、これは極めて失礼なことです。

もし故人の霊性を貴ぶならば、その一番の主役は遺骨や位牌であるはずです。それを避けるような扱いには矛盾を感じます。

最初からその持ち込みがなければ、何の問題もありません。

告別式としてなされるメモリアル・バンケットでは、依り代としての遺骨や位牌がなくても、「遺影」で十分その気持ちの置き所（祭祀対象）の役割が果たせます。またこれらの遺影に黒リボンをかける必要もありません。

このあたりの誤解が担当者にあるようで、その搬入や安置に苦慮しているようです。

とはいえ、位牌を設置することはあります。

たいへん大切なものなので、最大級の注意が必要となります。

- ・ 遺影・位牌は素手で持たない（白手袋を着用）
- ・ 二つのものを両方いっぺんに持たない
- ・ 片手で持たない
- ・ 装飾段に設置するまでは、風呂敷など、覆いをかけておく
- ・ 設置後は『陰膳』をお供えする

◎陰膳は、故人へのお供えとして、その宴席で召し上がる料理の一部または一人前（会席弁当などの場合）をお供えします。

もちろん飲み物も併せて配置します。

陰膳の向きは霊位の定まった側が正面ですので、箸などのセットは反対側になります。注意してください。

入退場について

メモリアル・バンケット会場は、セレモニー部分とバンケット部分がそれぞれ独立している場合と、同一である場合があります。

いずれにしても入退場においては、互いに譲りあうような雰囲気が必要です。

入場の際には、入り口での主催者の「お迎え」は必要ありません。入場は、遅滞なくスムーズに行うことが肝心です。

また、高齢者や車椅子の方が優先されます。

退場場面で出口での「お見送り」は、主催者あるいは施主、関係者の立礼があると丁寧です。ただし長話はタブーですので、一言二言のお礼やねぎらいで済ませるのがマナーです。

退場に際しては、高齢者や車椅子の方がゆっくりと移動できるよう、優先順位をあえて下げることも配慮の一つです。

クローク

クロークは、ホテル・会館などでは各フロアや宴会ホールに設けてありますが、会場近くに仮設する場合もあります。

一般的に番号札の半券を渡してお預かりをしますが、これを関係者やお手伝いの方に委ねることもあります。その際の保管や受け渡しには十分な注意が必要です。トラブルが多いのも、この場面です。

もちろん貴重品などは預かれませんが、一人で複数の物品を預け

る人もいます。日常手慣れたスタッフが対応する場合は問題ありませんが、「素人」のお手伝いが対応する場合は、事前のアドバイスと監督が必要です。

受付

　来場者に対してあらかじめ出欠の確認をしている場合は、受付でそのチェックをします。その際芳名帳に記帳していただくこともありますし、確認だけで済ませることもあります。ご夫婦連れで代表者だけの記名などもあり、ケースバイケースです。

　記帳は墨筆などが正式ですが、最近では筆ペンやサインペンなど書きやすいもので対応することもあります。

　カード式の芳名録もあり、所定の場でカードに記入して受付に出していただくこともあります。カード式の芳名記入は、芳名帳記帳のようにその場に順番待ちすることもなく、記入する場所さえ広く取れば大人数や集中する来場者に対応できます。また、後日来場者の整理をするときにも重宝します。ただし、記入のための筆記用具は多めに準備しておきます。

　独自のデザインでオリジナルな芳名帳を作成した事例もあります。米寿を過ぎた祖母のメモリアル・バンケットでは、ピンクのハート形のカードを作ったこともあります。ある作家さんのお別れ会では、和紙の特注の名入り原稿用紙に万年筆で記帳していただき、和綴じにしたこともありました。

　会費や供花代などの金銭の授受がある場合は、会計のしやすい書式で合理的に記入できる方法がベストであると思います。

　このように、受付の記帳一つとってもいろいろな工夫の余地があるのです。

　受付での金銭授受は、不祝儀袋や封筒であることがほとんどです。そこに住所や氏名が明記されているかは、重要な確認事項です。もしなければ、後からその確認に苦労しなければなりません。

　また、中身の現金を入れ忘れていることも時々あります。厄介なことにそのケースは「偉い人」であることが多く、おそらく秘書やお付きの方が入れたと思って持参されるのでしょう。それに気づいても、その場では極めて言い出しにくいことが何度もありました。

　見ているその場で封を開けることはタブーですので、裏方の会計で発見することになります。そうするとタイムラグがありますので、ますます言い出しにくくなります。

　お葬式の場面でも多々あり、悩ましいところです。秘書の方やお付きの方にそれとなくお伝えしてご本人の知らないままに対処していただくこともあります。

返礼品のお渡し

　主催者側がご参加のお礼として、返礼品を渡すこともあります。いわゆる返礼ギフトというものです。

　通常の告別式ですと「会葬お礼状」と共に「粗供養（あらくよう・そくよう）」と呼ばれる品物を渡しています。

　最近では「その場返し」などという簡略な贈答儀礼がなされ、香典返しもその場でお渡しします。しかも、お参りも済ませない受付でお渡ししてしまうような乱暴な対応も散見され、その粗雑で簡略化した対応はお葬式にふさわしくなく、嘆かわしい限りです。

　メモリアル・バンケットの場においては、基本的に「香典返し」はありません。あるとすればお礼状と記念品的な一品をお持ち帰りいただくことが、スマートでしょう。これまでの事例では、オリジ

ナルなお礼状に、日持ちのするお菓子類などが多いようです。

　基本的な意味での返礼はすでに飲食提供のご接待でなされている
わけですから、本来はお礼状のみでもいいと思います。

　けれども日本人の慣例から「たとえ半紙一枚でも」という観念も
ありますので、なんらかの返礼をしておく人も多いものです。菓子
などの他、小さな一輪挿しやハンカチなどの小物の繊維製品も復活
です。社葬のお別れ会などでは、自社製品などの配布もありました。
これもよいでしょう。なぜならメモリアル・バンケットである告別
式の目的は、自由に設定してもいいからです。自社の自慢の一品を
返礼としてお持ち帰りしていただくという、自社アピールも重要な
目的の一つとして設定しても問題ありません。

来場者に待機していただく場合

　あらかじめ来場者数が決まっていれば相応の対応ができますが、
社葬のお別れ会など大規模なメモリアル・バンケットでは、不特定
多数の方々が予想以上に押し寄せる場合があります。芸能人や著名
人によくある現象です。

　誰もがそこで礼拝できる公開された告別式では、大規模な寺院や
東京の青山斎場のような広い場所でさえも参列者が沿道にあふれ、
交通整理の警官が要請されることもしばしばあります。

　あるお別れ会（社葬）をホテルで開催した時は、来場者を800名、
最大でも1000名以下であると推察したところ、当日2000名を超え
たことがありました。

　ホテル側は万が一に備えて、そのフロアの他の宴会場での宴会を
違うフロアに移して、フロア全体をお別れの会専用にしました。こ
れが功を奏して、始まる直前にはそのフロアのロビーから廊下まで

来場者で埋まりましたが、なんとか収まりました。

　セレモニーの中継はロビーのテレビを通じてモニターされ、献花が始まると順次ご案内をしました。

　しかしビュッフェ会場は混み合いました。お料理の追加が必要となりましたが、予定のメニューとは異なるものを提供する、ロビーや廊下にもワゴンサービスを繰り出すなど、臨機応変に対応していただいたことで、なんとか乗り切りました。

　2時間フロア全体を使ったメモリアル・バンケットでしたが、待機者の把握やそれに伴うサービスの変更など、たいへん見事な事例でした。

来場者への対応

　セレモニー・バンケットには、いろいろな方々が「会葬者」として参加されますので、その対応などの注意点を述べていきます。

●遺族・親族

　メモリアル・バンケットにおいては、施行主催についての制限はありませんが、ここでは一般的に遺族・親族を想定します。

　遺族や親族は、黒の式服（喪服）である必要はありません。主催者は他の来訪者をお迎えする立場（ホスト）ですので相応の身なりは必要ですが、黒ネクタイ、黒服、和装におけるしきたりなどにこだわる必要はありません。

　最近は来場者に服装のお願いをすることがありますが、まず主催をされる遺族や親族の服装がそのような対応であれば、一般来場者の「平服来場」もこれまで以上に浸透して、ホテルや会館の共有スペースでの違和感は解消できるものと思います。

●一般来場者

　主催者側がメモリアル・バンケットのご案内をする際、さりげなくお願いをする「服装」の件や拝礼の仕方については、あらかじめ明確にお知らせしておくことが必要です。

　ご連絡の際に「平服で」という文言を強調されることも必要ですが、積極的なアイデアで一般来場者の意識を共有させることの方が効果的です。

　例えば「服装はご自由にご来場ください。ただ故人の好きだったブルーの何か一点を身に着けていただき、哀悼の意としていただければ幸いです」というようなお願いをすることで、参加意識が高揚します。ある人はネクタイやネクタイピンなど、ある人は服やシャツの色、ある人はハンカチやベルト、中にはブルーのサングラスの方もおいででした。こういう一体感を互いに「探り」合うことで、親近感もわきます。これも変成意識の一つです。

　故人を中心とした不特定多数の方々がどこかでつながりを持っているという感動が再現されるのもメモリアル・バンケットの大きな機能なのです。

●子供

　いろいろな年齢階層がありますが、葬儀式ほどの厳粛性はありませんので、お子さんへの一番の気配りは安全性の確保です。

幼児

　勝手に動き回る幼児の姿はかわいらしいので、会場の雰囲気が和らぎます。しかし同時に、危険を恐れて子供へ注意が向いてしまいます。

　施設によっては、キッズルームを設けてそこでベビーシッターさんが開式中の面倒を見てくれるので、「子ども連れでも安心して会

葬できる」と高評価を得ています。

　焼香の煙やその換気、空調の問題など、幼児は大人と異なる脆弱性もありますから、そういう面でも安心です。

　このような取り組みは、その葬儀社の葬儀進行に対するホスピタリティの評価を高めます。キッズルームは葬儀社の心配りだと判断されるからです。

低学年以上の子供たち対応

　この年代層には、葬祭に関する「重要な意識づけ」ができます。

　「団塊の世代」と言われた年代層は日本の経済復興に尽力した年代です。と同時に、そのために慣例慣習や神仏信仰などの感性を犠牲にしてきました。葬祭に関する世代間の受け渡しをあまりなされてこなかった年代でもあります。これは致し方のないことです。

　その団塊世代を親に持ついわゆる「喪主世代」は、葬祭に関する親からの家訓や社会的な「教育」をあまり受け継いでいません。そのため形骸化した葬祭儀礼の慣習を惰性的にも承継しましたが、その価値に虚しさを実感し始めました。そのことからお葬式やお墓の価値観が損なわれました。

　問題は、その次の世代です。いわゆる孫やひ孫の世代にはそれを少しでも是正してもらいたい、という強い願いがあります。

　メモリアル・バンケットにおいても、聞き分けのできる小学校高学年から二十歳くらいまでの子や孫たちに、あえて「役割」を持たせてセレモニーに参加させます。

　もちろん子や孫の性格にもよりますが、作文弔辞を読んでもらったり、開式の点灯（ローソクなど）を担ってもらったり、献花を手渡ししてもらったりしました。お手伝いという形ではありますが、故人のために何かを果たしたという緊張感と達成感は、その年代に

とって極めて大きな経験値になるはずです。そこから追悼の気持ちを感じたら、将来日本の供養観を担うようになってくれるかもしれません。期待するところです。

「子供には何かをさせる」というサービスは大変重要な提案だと思います。子供は必死になってそれを成し遂げようとするものです。

●高齢者

一般的に、お葬式への参列者は故人と親しく、同じような年齢層が集約されますので、高齢者が多いものです。

お葬式の多くは緊急かつ突発的に施行されるので、お年寄りや身体の不調な方はなかなか早急な対応ができないことも現実です。また、事後報告で済ませるなどの簡略な方法も増えてきました。

しかしご自身も高齢者だからこそ、どうしても節目をつけておきたいという方も多いと思います。メモリアル・バンケットはそのための場でもあるということです。

その点に留意して、対応をしていかなければなりません。

●お体の不自由な方

身体が不自由な方のフォローをすることは、人として当然のことでもあります。しかし私たちはその上を目指さなければなりません。

なぜならサービスの目的は、すべてのお客様に楽しんでいただくことだからです。障害のあるお客さまにも、その場に居合わせた他のお客さまにも、心地よく過ごしていただかなければなりません。

しかしあまりにも特別扱いをしてしまっては、かえって居心地悪い思いをさせてしまうこともあるようです。

求められるのはさりげない対応です。そしてそれを可能にするためには、正確な知識が必要となります。

付き添い者

　ご高齢者やお体の不自由な方の中には、付き添い者がいる場合が少なくありません。その方との連携に留意して、付き添い者がその場を離れたりしたときには注意をしなければなりません。

　また、移動の際には付き添いの介助者だけではなく、スタッフが誘導することも大切なサービスです。

　着席、立食など飲食形式のテーブル配置や配膳、料理の取り分けなどの場合、車椅子動線などもあらかじめ頭に入れて、他の来場者へのお声がけなども併せて気配りをする必要があります。

　最近ではビュッフェ形式のバンケットで、本人に代わって料理を取り分けるサービスも好評です。

肢体不自由

　肢体不自由とは、四肢（手足）や体幹（脊椎を中軸とした上半身と頸部）の運動機能に障害があることです。移動には、車椅子や杖などを使用します。

【杖】

　杖は、立体姿勢が不安定な場合や持久力がない場合の移動手段の補助として使用します。

　１．使用者の承諾を得てから、サポートします。

　２．サポートする場合は、杖を持つ手の反対側で行います。

　３．杖の先のゴムが摩耗すると滑りやすくなるので、摩耗していると判断した場合は注意を促します。

【歩行器】

　杖よりも安全性が高く、腕力の低下した人には便利です。

　１．床が平らで、段差や凸凹がない場所に誘導します。

2. 傾斜面では使用が難しいので、注意が必要です。

【車椅子】

車椅子は、四肢や体幹に障害がある場合に使用します。

車椅子を押すときの注意点は、以下の通りです。

1. 押してよいのか、事前に確認します。

2. 車椅子のブレーキが外れているかどうか、確認します。
   ブレーキレバーは主車輪（後輪）の両側についています。
   外れていなければ、本人に外してもらうか、本人に確認をと
   ってから外します。

3. 車椅子の真後ろに立ち、ハンドグリップを両手でしっかり握
   ります。

4. 「押します」と声をかけてから、ゆっくり押します。

5. わずかな振動でも苦手な人もいるので、床面をよく見て、な
   るべく振動がないように留意します。

段差でのサポート

段差の上り下りや溝を超えるときの注意点は、以下の通りです。

1. 本人が車椅子のシートに深く腰掛けているか、確認します。
   車椅子で移動中に座る位置が前にずれていることがあります。
   特に高齢者や車椅子に慣れていない人、上肢にも障害がある
   人の場合は、細心の注意が必要です。

2. 段差や溝がある場合は、キャスター（前輪）を上げるので、
   事前に「キャスターを上げます」と声をかけます。

段差を上る場合

1. 前向きで段差に向き合います。

2. 足元のステッピングバーを踏み込み、ハンドグリップを両手

で下げます。最近はステッピングバーがない車椅子が増えています。ない場合は、手首のスナップを効かせてキャスターを上げますが、コツが必要なので慎重に行います。

3．キャスターが上がったら、少し前進し、段の上にキャスターをのせます。

4．後輪を段差に押し付け、後輪を持ち上るのではなく、そのまま前進し、押し上げます。

段差を降りる

1．後ろ向きで行います。

2．主車輪を段に沿って、下に降ろします。

3．そのままゆっくり後進します。

4．キャスターが段に近づいたら、段に沿って、ゆっくり下に降ろします。

溝を超える

キャスターを上げた状態で行います。

エレベーターでのサポート

1．エレベーターに乗る時は、基本的には後ろ向きに進み、主車輪からのせます。

2．降りる時も向きを変えて、後ろ向きで降ろします。
エレベーター内で向きが変えられない場合は、前輪が溝に挟まらないように前輪を少し持ち上げて降ろします。

その他の注意点

・　車椅子使用者の中には、体温調節ができない人もいますので、ひざ掛けを用意するなどの配慮が求められます。

- 介助者がいる場合でも、車椅子利用のお客様と積極的に話すようにします。
  またその際は、腰を低くし、目線を合わせて話します。
- 車椅子使用者を案内する時は、遠回りであっても安全を優先して、段差や溝のない場所を誘導します。
  またその際は、その旨を伝えます。

宴会場での案内

来場からテーブルへのご案内の間だけでも、通常の業務とは違った細やかな配慮が必要になります。

1. 車椅子の方と目線の高さを合わせることが求められます。
   上から話しかけられると相手は威圧感を感じがちです。
2. 車椅子を押した方がいいのか、事前の確認が必要です。
   また自分のペースよりも早いスピードで押されると、不安を感じます。
3. 車椅子のままがいいのか、会場の椅子に座り直したいのか、確認することが必要です。
   腰が痛いから体勢を変えたい、下半身が冷えたから血行を良くしたい、視野の高さを変えたいなどの理由で会場の椅子を希望する場合もあります。
4. 車椅子に触ることを事前に断ることが必要です。
   特に長期間日常的に使っている方は、車椅子を自分の体の一部だと感じている場合が少なくありません。
   たとえ善意の行動であっても、無断で体に触られているような不快感を持たれる恐れがあります。

視覚障害

視覚障害は「視力障害」と「視野障害」の二つに大別されます。

視力（見る力）の障害は、全盲（視力の和が0.04未満）と弱視（視力の和が0.05 〜 0.3未満）に分かれます。

視野（見える範囲）の障害は、狭窄（視野が全体的に狭い）、欠損（視野の一部が見えない）、暗点（視野の中央部分が見えない）、に分かれます。

弱視や視野障害の方は外見では見えているように思われがちですが、実は危険を察知しづらいということに留意しておきます。

弱視の方は、同系色の障害物などを認識しづらい傾向があります。

視野障害のある方は、見えづらい方向から迫る危険を察知することができません。

また、高齢者の多くは白内障で視野がかすんでいます。

以下は全盲の方への対応が中心ですが、それ以外の方へのフォローの参考にもなります。

お声がけ

お声かけをするときの注意点は、以下の通りです。

1．何よりも大切なのは、歩み寄る勇気です。

「腕や服に軽く触れながら」声をかけます。

そうでないと、自分に話しかけられているのか判断が難しいからです。

2．そして名前と所属を伝えます。

相手がホテル・会館やレストランのスタッフだと分かれば、より具体的な内容を頼めるようになります。

3．それから必ず「何かお手伝いしましょうか？」と、サポートの必要性を伺いましょう。

移動時のサポート

1. 「自分の腕、肩、手首など」を相手の要望に合わせて持って
   もらいます。
   右手左手のいずれが持ちやすいのかも確かめます。
   相手の背中を押す、手をひく、白杖を持つなどは、相手のペ
   ースを乱してしまうのでNGです。
2. そして相手の「斜め一歩前」を歩きます。
   そうすることで自分が危険防止のために急に立ち止まった時
   に、相手が先に行くことを防げます。
3. 段差や通路の幅など「周囲の状況を伝えながら」ゆっくりと
   歩きます。
   立ち止まる場合や待つ場合には、その理由も丁寧に伝えます。

段差や階段でのサポート

1. 上りなのか下りなのかも含めて、段差や階段があることを伝
   えます。
2. 段数が少なければ「3段の下り階段があります」と具体的に
   伝えると、安心してもらえます。
3. 手すりがある場合は「手すりを使いますか?」と確認します。
4. 大切なことは、段差に向かって「正面から進む」ことです。
   斜めから進むと、足を踏み外す危険性が広がります。
5. 目的地に着くまでに「3,2,1」とカウントダウンしがちで
   すが、実はその感覚は人それぞれです。
   その場に着いた時に「○階に着きました」と伝えましょう。
6. 一段先に歩くか、横に並んで歩くかは、相手の要望に合わせ
   ます。歩くスピードも同様です。
7. 階段、エスカレーター、エレベーターのいずれが安心なのか
   これも要確認です。

宴会場での案内

椅子への案内（コース料理の場合）

1．テーブルに着いたら、椅子の形状や周りの状況（前方にテーブルがある、隣に人が座っているなど）を説明します。
2．全盲の場合は、その後「手をお借りしてよろしいでしょうか？」と声をかけて、椅子の背もたれや座面に手を導いて、確認してもらいましょう。

メニューの案内

1．「メニューをお読みいたしましょうか？」とお尋ねし、ご要望があったら対応します。
　まずはお食事のご希望やお好みなどを伺い、それに沿って料理やドリンクの説明をします。
　ちなみに、点字が読める視覚障碍者は全体の約10％に過ぎません。
2．料理によっては「お切りしましょうか？」とお尋ねし、ご要望があったら対応します。

食事の配置

1．食事の配置はクロックポジション（時計の文字盤の位置：正面上 – 12時の方向、正面右 – 3時の方向、正面手前 – 6時の方向、正面左 – 9時の方向）を利用して配膳します。
2．お皿、グラス、カトラリーなどの位置を説明します。
3．テーブルに置いた料理や飲み物は、お客様に断りなく勝手に移動しないようにします。

トイレへの案内

1．トイレへは可能な限り「同性が誘導」します。

2．トイレの便器、トイレットペーパー、水洗ボタン、くず入れ、鍵、洗面所の場所などの「情報を説明」します。

3．その後は「少し離れた場所で待機」します。

聴覚障害・言語障害

聴覚障害とは、外耳、中耳、内耳、もしくは脳のどこかに障害が生じて音を正常に聞き分けられなくなった状態です。

全ろう（全く聞こえない状態）、難聴（聴力が低下してよく聞こえない状態）など程度の差があります。

またいつ障害が発生したかによって、先天性失聴と中途失聴（言語を覚えた後に聞こえなくなった状態）に分かれます。

言語障害とは、言葉の発生や理解する過程のどこかの期間が正しく機能していない状態です。先天性の場合と、脳出血や脳梗塞などで大脳の言語中枢器官が損傷を受けて支障をきたすなど、後天性の場合があります。

サポート

1．ジェスチャーなどを交え、自然な振る舞いで歩み寄ります。

2．コミュニケーションは、筆談、読唇術、手話、指文字、携帯メールなどで行います。
　途中失聴の場合、手話ができない人が少なくありません。

3．情報は、箇条書きなどで簡潔に伝えます。

4．話す場合は、ゆっくりとはっきりと、口を大きく開きながら話します。

5．発言が少ない場合は、表情や動作を理解するように努めます。

6．補聴器を使用している場合は、騒音の少ない静かな席に案内します。

来場者のマナー

　立食形式の場合、顔見知りどうしで集まり、そのバンケットの主旨とは全く関係のない話題で歓談される光景をよく目にします。それはそれで旧交を温める「共食」ですが、誰かの挨拶や追悼の弔辞、友人の献奏などの際には歓談を中断して、今行われていることに注目をすることが来場者のマナーです。

　盛り上がっている歓談のボリュームは、主催者や司会スタッフが制限しにくいものです。来場者の良識に委ねられる場面です。

～韓国のメモリアル・バンケット事情～

　韓国の葬式は、民間の葬祭ホールで行われることが多く、病院内にその設備が隣接している場合もあります。

　通夜から葬儀告別式は、だいたい３日間かけて行います。

　通夜では、普段の家庭料理であるナムルやキムチなどのパンチャン（おかず）があり、定番としては「ユッケジャン」などが振る舞われます。これら「赤い」料理は、邪鬼払いという理由があり、接待は大切な儀式要素になっているのです。

　その後の供養に関しては、祭祀（チェサ）と呼ばれる茶礼があります。故人の命日などに行われる法事や忌祭祀（キジェサ）を指し、忌祭祀は深夜になされます。

　茶礼と内容はほとんど変わりませんが、20種類以上の食べ物を供えて一連の儀式を行います。供物にもそれぞれの家庭によっていろいろ異なるようです。

　古くは儒教の影響も大きく、親の服喪は３年間で、いろいろな生活規制がありました。

第7章

クレーム対応

接客・接遇にはいろいろなクレームが届きやすいものです。

相手の受け止め方によって、状況が異なります。

自分自身の気持ちの表し方が大変重要な観点です。

グリーフワーク

葬祭に関する業務を「グリーフワーク」と言います。

直訳すれば「悲嘆のお仕事」です。これは葬祭業に限ったことではなく、看取りを行う介護や医療者にも当てはまります。

広義にとらえれば、宗教者が世俗に対して、死の苦しみやその後の悲しみをどのように癒し慰めていくべきかを「使命」としていることと言えるかもしれません。

メモリアル・バンケットも告別式の一つの形として、葬祭におけるグリーフワークとそのケアについて理解をして欲しいと思います。

まずは、施主や遺族の心理状態を意識することが大切です。

どのような意識の中でメモリアル・バンケットが開催されるのかを十分に把握したうえでなければ、スムーズな営業や打ち合わせ、施行は難しいでしょう。

クレームが起きた場合も、それを申し立てる相手がどのような心理状態であるかを、十分把握しなければなりません。

そして、どのような対応が適切かを心得ておくことが肝心です。

●第一の段階

身近な人の死に際し、最初の心理状態としては「驚き」（ショック）があります。そして、信じられないと「否定」したり、死というものの状況把握や理解ができなかったりすることが普通です。つまり、茫然自失（精神的空白）や、精神的パニック状態になります。

併せて、「大きな困惑」（戸惑い）で心は揺れ動きます。何か行動をしなければ、との思いが焦りのように噴出しますが、それは何をしてよいのか分からないという状態です。

少し時間が経つと、今度は自分自身への呵責を自己検証するようになります。「自分には落ち度がなかったのか」など、極度な焦りや苛立ちが高まってくるのです。

また同時に、その死を「否定」する心理も大きく膨らみます。信じたくないという気持ちは、その事実を置き換えたり歪曲したりしようと考えるようになります。けれども、否定する感情だけでは済まされないことが少しずつ分かってきます。

人によっては、どうしても認めることができないままその後の生活を「何もなかったことのように過ごそう」とします。愛情や情感から、絶対に認めたくない感情が硬直して、事実からの逃避の心理が固定してしまうのです。

航空機事故でご主人を亡くされた家を訪問した際、玄関に故人の靴がそのまま置いてありました。奥様の「旅に出ている」あるいは「出張に行っている」「今いないだけ」と思い込もうとする気持ちが、痛いほど伝わってきました。悲しみと嘆きを重ね合わせた心理です。

●第二の段階

いよいよその事実を認めざるを得ない時がきます。

ご遺体とのご対面などで事実を直視することになり、多くの遺族はここで「認知」することになります。

この場面では気持ちが大きく揺れ動き、激情的な心理状態になります。対象喪失からくる不安や今後の人生などに対する意欲、自信の喪失で、理性が感情に押しやられてしまうこともしばしばです。

そしていよいよその死に対して認知すると、そのとたんに大きな

「怒り」や「憤り」が噴出します。「何故、私だけがこんな目にあわなければならないのか」というような心理から、社会からの疎外感や不公平感を感じ取り、その怒りが他者に向けられることが多く見受けられます。

その頃に現れるのが葬儀社です。ですから葬祭業のスタッフは、遺族心理が「否定」や「怒り」の中にあることを理解したうえで対応しています。

そこでは日常的な会話や慰めの言葉は無用で、時には無言で淡々と業務を進めることが一番のケアであり、「サービス」であると心得ているものです。

この時点では死に関係した対象者に怒りの方向が向きやすいので、医師や看護師さんらもできる限りの気遣いをされています。

慣例的ではありますが、病院で逝去して寝台自動車で自宅や葬祭ホールへ搬送される際、どんなに忙しい中でも主治医、担当医、看護師、介護ヘルパーさんなど故人と接した方々ができる限り多く集まってお見送りします。その風景を見ると、遺族の「怒り」が少し静まっていくように思えます。

葬儀社は、生前からの面識やつながりがないことが普通で、ともかくクレームの一番の引き受け手になります。

信仰の深い人などのこの時点における心理状態としては、故人の不幸を救ってくれなかった「神仏」に対しても怒りを向けるなど、精神的な混乱状態で取り乱してしまう人も見られます。

このような状態のとき、本来は「打ち合わせ」などできる状態ではありません。常識のある葬祭業者は、「打ち合わせ」においてもいくつかの段階を踏まえて、遺族の心理状態に寄り添いながら行います。経験を積んだ葬儀社の「デスケア」と言えます。

このような遺族の心理状態を理解することなく、無造作にノート

パソコンを取り出して「商談」を始める資質に欠けた業者も多く、そこが大きなクレームを派生させる要因になっていることを理解しなければなりません。

●第三の段階

　ひと通り怒りがしずまってくると、今度はその反動として「孤独」、あるいは精神的に「孤立」したような感覚が襲ってきます。激情の反動から陰鬱の状態になったり、時間的な経過を踏まえて疲弊状態に陥ったりします。死に直面してから、おおよそ1〜3日目くらいです。

　当初の精神的な戸惑いや心理状態の起伏による精神的なエネルギーの消耗もあり、落ち込んだ状態や引きこもり状態などに陥りやすくなります。

　日本の伝統的な葬祭習俗では、近隣の人たち（地域共同体）の助力によって、慌ただしく葬儀の準備やそのしつらえがなされていきます。遺族は無我夢中で、世間対応を迫られ、落ち込んでいるヒマはありません。これは一見、遺族心理を無視しているように思われますが、本当は大きな「愛情」なのかもしれません。

　忌中や喪中の日々の過ごし方は習俗的に慣習化されていますが、日本の葬祭文化は実は日本的な情愛に富んだ知恵であると思っています。故人の死に対して、自責の念や儒教的な罪悪感、あるいはいまさら取り返しのできない過度な反省意識などから自己嫌悪に陥らせないために、喪主や遺族の役割を次々と課してそれを防ぎました。

　かつては、お寺の対応や地域の念仏講などが葬儀前後の一定期間なされていました。例えば49日までの7日毎の追善法要です。そこには、居たたまれない寂しさとか、「あの時こうすればよかった」など結果論から見た思考、その堂々巡りからくる苦悩や落ち込

みを緩和させる機能がありました。

　現代では、このようなサポートが受けにくくなっています。ですから、絶望や空虚、悲嘆の重さを誰にも分かってもらえないと自閉状態に陥ってしまうこともあります。

●第四の段階

　時間が経つにつれ、緩やかですが精神状態の混乱や悲しみも回復していきます。時が癒すとは、よく言ったものです。

　人によっては、冷静な自己投影からあらためて状況の理解や現状の把握をし、今後の転換を図ろうとする「意欲」の芽生えが出てきます。自己や災害などで見られる集団的な心理では、同じ状況下の人たちとの連携や体験共有によって、大きな人的癒しを得ることができます。

　この段階では、的確な支援や示唆などが必要です。また深い愛情からの「救済」として、心的な癒しが求められます。

　それは霊性への関心や宗教的な示唆でもよいと思います。哲学的な思考に触れる機会になるかもしれません。

●第五の段階

　ここで、いよいよ立ち直りができます。

　ただ、日数ではなく年数を要することもあります。

　立ち直りとは、故人の死からの「自己の再構築と再生」によって新しい人生の節目を自覚し、少し成長した自分を意識することです。これを「心の消化作業」と言います。

　故人の人格や誠意をあらためて尊重すると同時に、自己の確立も尊重し始めます。自己愛をもって再出発し、人生のリセットを成し遂げようとするのです。

　場合によっては、伴侶を喪った人が再婚へと気持ちを切り替える

 こともあるでしょう。生き方の転換を求める人もいます。

　悲しみの転換を図る意欲が出てきた心理状態と言えます。

　このように、「対象者とどの段階で接点を持つのか」を十分意識して対応することが、接遇サービスでは基本的な意識です。

　葬祭のみならず、接遇や接待などどのような場面でも、たいへん重要な心理状態の推移として把握しておいてください。

忌避感

　ホテル・会館が危惧するのは、喪服の集団に一般客が違和感を持つのではないか、ということです。

　また、入場の際に塩での清めや手水の作法などをする慣習も根強く、それを見た一般客の忌避感を招くのではないかという懸念もあります。

　このような理由で宴会受注に躊躇する施設が、散見されます。

　遺骨や位牌の持ち込み、あるいは僧侶の読経に関しても、会場側の忌避感や警戒感が強く見受けられます。

　礼拝は「焼香」が不可で、仏式でも献花による追悼が一般的です。しかし残念なことに、その認識が十分でない営業担当者が少なくありません。

●忌避感への対処

　メモリアル・バンケットにおいては、遺骨や位牌の持ち込みは不要です。大変重要な魂の依り代ですので、むしろ自宅などでしっかり安置していただく方がいいのです。

　遺影は特に問題はありませんので、自由です。

　また、清め塩など玄関での浄めの慣例は必要ありません。なぜな

ら式典の場であり、葬儀ではないからです。

　これまで火葬場の帰路、精進落としなどの宴席に立ち寄る場合には、必ずこの浄め塩などをしていましたが、まだ自宅に帰る「途中」の出来事としてみれば、それは必要がなかったといえます。

　黒喪服に関しては、葬儀参列から火葬場へ引き続きお斎へ参加という場合、当然着てこられます。ぜひ堂々とお迎えして欲しいと思います。

　あるホテルマネージャーさんは、「黒服なんて、後ろから見たら結婚式もホテルスタッフもみんな同じ」と言い切っています。たしかに前に回ってネクタイの色を見るまで慶弔の判別はつきません。

　受け入れる側のスタッフのオーラ（忌避感）が、他のお客様に伝染するのです。普段通り、通常のお客様をご案内する態度で、そのような雰囲気を作り出さないことです。

　ご案内状を出して来ていただくメモリアル・バンケットでは、服装についてのお願い事項をスマートに記載しておくことで、いわゆる「黒服問題」は解決できます。

　執拗にその忌避感を表してクレームをつけるお客様がいらっしゃることも事実です。日本人の本能的な死への忌避は「縁起でもない」という観念から発せられますので、むげにすることはできません。「あたたかく見守っていただけるよう、お願いします」という気持ちをお伝えしましょう。

　ホテル・会館に与えられた役割は、社会的交流で集う方々の場の提供です。それは当然ながら、慶事だけに限りません。

　メモリアルも大きな社会性を有した営みです。その施行責任を果たしているという自信と誇りを持ってください。

受注時

　メモリアル・バンケットの施行意義や理念を説明する時は、スタッフの葬祭知識が試されます。

　「葬儀」後の「告別式」としての依頼がスタンダードな受注になるわけですから、その点を十分にわきまえて折衝をしなければなりません。これまでお別れ会・偲ぶ会でホテル・会館を利用しなかった理由を列記してみます。

- 既存の宴会パッケージを押し付けられた
  （ビュッフェで飲み放題付き5000円〜パックなど）
- バリエーションの提案が全くなかった
  （遺影写真と生花飾りのみ）
- 出入りの生花店しか生花装飾施工させない
  （生花装飾の意匠も全くパターン化された祭壇のみ）
- ギフトもホテル・会館の提携者を強制された
  （故人が自社製品を返礼品にしたかった）

　おそらくこれらは、結婚式施行の慣例に長くとらわれた結果、社内の運営規範の惰性的順守をしたものと思われます。是非は別として、収益の構成要素として「バックマージン」や「手数料」的な収支が通例になっているケースも多くあります。

　メモリアル・バンケット対応では、それらについて白紙にしたうえで、最良の受注請負を考えていかなければなりません。

　以下は、火葬後の立ち寄りで、お斎席を拒絶された事例です。

- 表に表示看板を立てられないと言われた
  （〇〇家　お浄め会場・お別れ会会場などの立て看板）
- 黒服で来られては困ると言われた

（通例として、葬儀参加者で火葬場同行者はほぼ喪服）

・　黒ネクタイを、無理やり外された

　　（入館前に黒ネクタイを外させていた）

・　遺骨・位牌・遺影の持ち込みを断られた

　　（他のお客様の印象が悪いからと言われた）

・　遺骨・位牌・遺影の搬入に裏動線を指示された

　　（会場までは他のお客様の目に触れないように）

・　僧侶の読経の際、鳴り物はだめだと言われた

　　（線香だけでなく、おりんや木魚などの音もだめ）

・　入館時の浄め（塩や手洗い水の準備）を拒否された

　　（他のお客さまも出入りするので、その慣例はできない）

・　お別れ会出席者を裏口から入場させた

　　（その慣例のために、裏口から入場したなど）

　極めて観念的な社会通念に過ぎない葬儀への忌避感を、多くのホテル・会館やそのスタッフはいまだに有しています。

　あらためて言います。メモリアル・バンケットは葬儀ではありません。社会的対応の「式典」です。

見積もり

　方針や進行の概要が決まったら、具体的な見積もりを提出します。葬祭施行で一番多いクレームは、見積金額と実際の支払金額の差額の大きさです。

　この要因は、見積もり段階での説明不足がほとんどです。これはグリーフワークの「悲嘆のプロセス」から見れば、当然ありうることです。担当者に落ち度がなくても、先方の心理状態は「通常・平静」でないことを十分理解しておかないと、クレームになってしま

うのです。

　特にメモリアル・バンケットの場合、来場者が不特定な時には要注意です。いろいろな数値が変動します。

　見積書というのは、なるべく安めの金額を明示して、最小限これだけかかりますというものではなく、その逆で予想、予測される最大限を考慮した金額を明示しておく必要があります。少なめに見積もって、あとから追加料金を上乗せしていくより、多めに見積もって、支払い時にはそこから差し引かれた額を請求すれば、クレームは回避できます。安くなったというクレームはないからです。

　「想定外」という逃げ口上がありますが、これは禁句です。あらゆる想定をすることこそ、プロのプライドだと思います。

　打ち合わせは、必ず施主側も複数立ち会っていただき、受注する側も複数で参加し、記録を共有しておく必要があります。

　余談ですが、私が主宰する日本葬祭アカデミーが葬儀施行をプロデュースする場合、自社の見積もりはすべての変数要因（天候・人数・交通・その他）の最大値を見込んで、なおかつ自社とは直接関係のない支払い（お布施や料理店の飲食経費、親戚の宿泊費負担など葬家の個人的な諸雑費など）を勘案した「総体参考概算」なるものを、算出してお伝えしています。

　金銭的な支出の覚悟と、いくらかかるか分からない状態から解放された安心感が得られるので、喜ばれました。

施行当日

　開式前の準備や開催中のトラブルなどについてです。
　祭壇や動線維持、誘導など、いろいろな現場対応に迫られます。

●クレーマー対策

　一つ秘伝を伝授しましょう。メモリアル・バンケットではありませんが、一般の葬儀施行においては、たいてい口うるさい親戚がいるものです。私たちは打ち合わせのときからそのようなクレーマー体質の人物をマークして、施主側におけるどのような立場の方であるかを推し量ります。そのうえで、もちろん喪主にも相談をしますが、そのような親戚にもいろいろと逐一確認をしてもらいます。

　ここでのテクニックは「わざと叱られること」と、「その指示に従って訂正すること」です。

　例えば、お位牌などの大切なものを「少しゆがめ」て置きます。そしてうまくそれを見つけさせ、指摘させて、謝罪し訂正する、というテクニックです。

　これによってそのクレーマーは「こちら側の一員」となります。その後も生花の序列や焼香の順番などを確認しつつ、こちらのやりやすいように落とし込みます。

　悪知恵が働いているようですが、遺族心理というものは、特に故人に対して自分自身が生前十分な対応ができなかった人ほど、葬儀の場でいろいろクレームをつけてきます。なぜならクレームをつけることで、故人に対する誠意を充当しようという呵責があるからです。

　このような心理をあらかじめ理解して、広い心を持ってそれらを解消してあげることも、葬祭サービスにおける重要な「ホスピタリティ」なのです。

●祭壇や装飾

　生花祭壇を当日に施行することがありますが、その際は十分に余裕をもって対処しなければなりません。できれば制作途中の雑然と

した光景は、施主の関係者にも見せたくない部分です。

　また、その制作工程でいろいろクレームを出されても煩わしいものです。それで完成が遅れることも多々ありますので、注意が必要です。

　完成した後の点検などは、施主や関係者に開式前に十分吟味していただいてください。

●人数の増減

　当日トラブルでよくあるのは、やはり人数の予測外対応を迫られるときです。たいていは予想より多くの来場者対応です。

　ビュッフェ形式の場合、料理の追加対応の早急さが問われます。この対応が不適切だと、やはりクレームとなります。かといって、その時点から調理を追加するのでは間に合いません。

　少しでもその可能性がある場合は、予定のメニューと異なるもので対処します。いわゆる出来合いのものがあれば、迅速な対応が可能です。

　併せて、配膳の「盛り付け手直し」を図ります。場合によっては大皿取り分けのものを、複数の中皿に分散させます。

　テーブルや椅子などを、空きスペースに予備として置いておくことも必要です。

　大切なのは慌てないことです。「動作はゆっくり慎重に」、「行動は素早く的確に」を心がけましょう。

　この逆のこともあります。1000名の来場者を見込んで大寺院の本堂を借りて「社葬」をした際、会葬者は約100名ということがありました。これは会社総務の見込み違いです。取引各社から部長、課長、次長、係長、社員ら複数名が来られると予測した数量でしたが実際は各社代表1名の会葬で、大きくその読みが外れた事例です。

この時は、大寺院の大本堂をどうしても使いたいというプライド
もあったことから、会葬者数は無理やり後付けの数値予測になって
いました。この時、大本堂を利用しなくてもその境内にある専用式
場で十分ご対応できるとアドバイスしたのですが、聞き入れていた
だけませんでした。

　またこれも実際にあったことですが、一時期人気のあった芸人さ
んの通夜で、お仲間の主催者側の方々は「過去の栄光」を傷つけて
はいけないと配慮し、一般ファンの会葬者も多く弔問に来られると
予測しました。通夜振る舞いは、芸人の見栄もあって相応の「おも
てなし」を考え、有名料理店のお弁当を500個用意しました。
　私どもは、芸能関係者のみで、あまり一般ファンは来ないと予想
していました。すでに高齢でしたし、当時活躍して一世を風靡した
といえども今の時代での知名度はほとんどなかったからです。しか
しこれは口に出しては言えないので、返礼品はなるべく返品の可能
なお菓子類セットなどを提案したのですが、結局なじみがあるとい
う理由で、そのお弁当に決まりました。
　結果、通夜に来られたのは200名弱で、300個のお弁当が余りま
した。しかも賞味期限は当日です。
　前座さん、下働きの芸人さん、我々スタッフにもおすそ分けがあ
りましたが、それでも多量の弁当が山積みでした。そこで施主側の
長老師匠たちは、前座さんらに「会場の隣近所に配ってこい」と命
じ、周辺一帯の家々に配りました。
　夜突然、見知らぬ芸人さんが訪問して、弁当を渡された家の人は
さぞ驚いたことだったでしょう。ただ、その人の芸人人生における
「布施」（世間様へのお返し）と思えば、無駄なことではなかったか
もしれません。

施行後

施行後は、精算業務やその後のアフターサービスがあります。

●記録

よくあるのが、記録の失敗です。録画や写真の不出来や喪失もあります。

打ち合わせ時にこの催しの記録としてそれを依頼されたのならば、プロを専任させておかなければなりません。

セレモニー時における挨拶や弔辞などの際のマイク設定や音量なども、慎重に調整しておかなければなりません。また、各人によって声の音質がさまざまですので、その微調整も必要です。

最近はあまりありませんが、マイクや照明のコンソールボックスで音声を録音するなどの場合、マイクは入っているけれど録音設定がなされていなくて記録が残せなかったことが、多々クレームとして寄せられたものです。

●精算

見積額との相違が出た場合は、説明を的確にすることが必要です。その際には変動した理由、その承認や許可を得た人、あるいはこちらの判断である、などを適切に伝えることが大切です。

特に緊急の判断を迫られた場合、もちろん金額によってですが、担当スタッフ責任者が独断で行うこともあります。このような場合は、できれば事後なるべく早くその場で事後承認を得ていくことも必要です。人数増加により料理追加が出る場合などが、事例としてあります。

また、受付等での金銭授受（会費や生花代など）は施主側のお手

伝いの方々にお任せするのが原則ですが、慣れていない関係者は安易にその場を離れたり、金銭管理がずさんだったりします。ご祝儀泥棒や香典泥棒などの被害がいまだに報告されている現状を考えると、油断大敵です。

　セキュリティ保持などの責任の一端を、施設側が問われることもあります。受付の人への注意喚起や、可能であれば必要な機材（金庫、セーフティボックス、書類箱など）の貸出しなど、丁寧なフォローが求められます。

●その他
　その場で伝えていただければ対処できたクレームも、後から言われることが多いものです。

　会場内が寒かった、暑すぎたといっても体感温度はそれぞれなので、対応に苦慮するところです。

　食事のペースは人それぞれなので、あまり画一的なタイミングで料理を配膳してもクレームとなる場合があります。

　最近では、喫煙や禁煙のクレームもよく耳にします。

　たばこの嫌いな人も多く、喫煙室から漏れてくるたばこのにおいもクレームの対象です。逆に全館禁煙ですと、喫煙場所までの距離がありすぎるというクレームになったりします。時代の要請に沿った対応が迫られます。

　2020年における新型コロナウイルスの蔓延は、飲食の場においても大きな変革を迫られました。

　「三密」という言葉が象徴的ですが、メモリアル・バンケットにおいても「混み合う」（密集）、「近接した談笑」（密接）、会場内の「恒常的な換気」（密閉）に十分配慮しなければなりません。

　飲食提供に関しても、スタッフのマスク常用や料理の取り分けな

ど、対応が大きく変化しています。

　ガイドラインを確認する、認証認可を表示するなど、お客さまとスタッフに対する配慮を通して、会社としての責任と実行力が試されます。

　今後の展開を、注意深く見守っていきたいと思います。

～タイのメモリアル・バンケット事情～

　タイは手厚い仏教国です。市内はタイ仏教の寺院だけでなく、華僑の寺院や日本のお寺もあります。

　山岳地帯や奥地の民族では、独自の葬法が営まれています。それぞれの振る舞い接待があり、豚や鶏の肉料理（カレー）なども出されます。埋葬地では、悪魔祓いのため生卵を投げつけるなどの習俗もあります。

第8章

これからの課題と提案

葬祭が極めて広範囲の職域と関連しているなかで、これまで「特別」の存在として温存されてきたのが葬祭業でした。

　しかし、昨今の異業種参入やパブリシティへの露出、終活ブーム、マスコミの関心などから、特殊なお仕事ではなく、むしろ総括的、総合的なプロデュース業務であることが自覚され始めました。

　それらの経緯をもとに終章では、いろいろな課題と提言に触れておきます。

メモリアルビジネス

　これは大きく二つのカテゴリーに分けられます。

　「死」を境目とした「生前のビジネス」と逝去後の「没後ビジネス」です。

　ビジネスという言葉は「死」を踏まえて不謹慎で適切ではない響きがありますが、すでに地域共同体を中心とするような相互協力の中で葬祭が営まれていない以上、そこには葬祭業務とその市場があり、経済活動がなされているのは事実です。

　他業種との関連は、見過ごすことのできないビジネスパートナーとしてみておかなければなりません。

●生前ビジネス

　直結しているのは医療や介護関係業界ですが、これらも施設や機能で広範囲なビジネス分野です。もう少し俯瞰的に眺めれば、信託銀行や保険会社なども「葬祭ビジネス」の大きな関連企業です。

　ミクロで言えば、生前整理や不動産業も「終活事業」に大いに関係しています。併せて言えば、弁護士、税理士、行政書士など「士業」関係者も、言うまでもなく遺言、相続、財産管理などにかかわ

るビジネス職域です。彼らは「死」をまたいでそれにかかわる業種と言えます。

　後見人制度（法定後見・任意後見）の中には、「死後事務委任契約」などがあり、これらを士業の方々は受け持つことになります。もちろんこれもビジネスの一つです。

●没後ビジネス

　葬祭業を中心とした関連業種としては、生花店、料理店、車両（寝台車・霊柩車・バス・ハイヤーなど）、人材派遣、ギフト会社などが隣接して機能しているビジネスです。直接的ではありませんが、仏壇店や季節行事を扱う業種も日常的に営業をしています。

　本来没後と捉えるにはいささか問題が多いのですが、大きなビジネスとしてはお寺や僧侶など、宗教界も葬祭に大きく依存していることは間違いありません。それらに付随して霊園業や石材業などが関連しています。

　ミクロでは、遺品整理業が時勢を反映し、「おひとりさま」対応として拡大しています。

　最近では、ネットビジネスとして生前・没後を含めた葬儀受注のポータルサイトが大きな窓口収入を得ています。

ライフエンディング・ステージ

　2011年に経済産業省は「安心と信頼のある『ライフエンディング・ステージ』の創出」を打ち出して、高齢社会における人生の終末や死別後に備えた生前準備にかかわる業種を連携しました。

　事前準備における行動やその後の生活更新のための時間を合わせて、「ライフエンディング・ステージ」としています。

これらは終焉にかかわる意識改革を目覚めさせて、いろいろ多方面の情報発信を得ることで、豊かな老後生活の市場形成を示したものとなりました。

そうした中、前述したように大学の選択科目として「葬祭ビジネス論」が観光学部系の科目として開講されました（2019年秋　東洋大学国際観光学部）。高齢社会の生活の中で、エンディングにかかわる各種のビジネスが集約、体系化されたということです。

葬祭観念の意識改革

葬祭ビジネスの背景がメジャーな社会的ビジネスとして語られるようになりましたが、まだまだホテル・会館やバンケット業界においては違和感があるようです。その原意を探ったうえで、これからの提言をしていきたいと思います。

●忌避感の背景

葬祭の「葬」の文字がイメージするところは、漢字の構成の中に「死」が示されているということでしょう。語源的、字源的には葬は草の上に「死体」が横たわって、上にもそれを包み隠す草でおおわれているような象形がイメージされます。また下の「廾」（にじゅうあし）は、人が何か担いでいる、あるいは運んでいる象形という説もあります。いずれにしても、亡骸を「ほうむる」ことを表しているわけです。

●「葬」ではない式・会・集

これまで述べてきたメモリアル・バンケットを、あえて「葬祭宴会」としないでカタカナ表記した理由は本文中いろいろな項で触れ

ましたが、告別式の手法として考えたとき、それが葬儀とは異なるという大きな前提で述べてきました。根底では葬儀・告別式は一連の行事ではありますが、まずそれを分離したうえで考えてみるという、意識訂正が必要だと思ったからです。

　なんでもカタカナにすれば、スマートなイメージになるという気軽な発想では決してありません。

　時勢的にお葬式としての葬儀・告別式は分離されつつあります。直葬、家族葬といった小規模葬の浸透に加えて、新型コロナウイルス感染症による法的な葬儀処方などの影響もあり、ますますその分離が著しくなっています。

　つまり現状では、多くの人が「寂しい葬儀」で済まされているわけです。このようなトレンドの中で、それが将来も通例になりうるか、という問いに対しては、おそらくなりえないと思います。

　それは、私たちは社会や世間というものからは決して孤立していないからです。また孤立させてしまうことへの大きな不安も抱えています。ですから「寂しい葬儀」への呵責や悔恨が、必ず心残りとして抱かれてしまうように思います。

　逝去後のメモリアル・バンケットこそ、これからの新しい告別式の形として、全くこれまでとは異なる行事（セレモニー）のイメージを創出しなければなりません。

　それには「葬」ではなく「式」「会」「集」などへの意識変移をしていなかければなりません。これも提言の一つです。

●弔事から慶事への転換

　人生儀礼の節目が「祝い」になることはすでに前述しました。また、生前にそのような節目を施行するプレ・メモリアル（生前告別式）も提案しました。

そこにかかわる業種の方々は、これまでの観念を自ら払拭させるような自己改革が必要です。そこから得られた自信は、顧客に対しての有意義なプレゼンテーションにつながります。

　メモリアル・バンケットを「慶事」として推移させていくことは、出産から元服、婚礼に至るまでの産育儀礼において、それらを慶事として節目立ててきた経緯と重ね合わせてもいいのかもしれません。逝去後の告別式としてのメモリアル・バンケットはそのような意識とは異なりますが、その後の法要的な会食では、遺族の供養をねぎらう意味でも、「慶事」としてその構成を考えてもいいのではないかと思います。

　七五三が成長過程における節目の慶事であるならば、故人の霊（たましい）も同じように育成されていくと考えれば、その節目である法事を支援していく意味で、それはすでに「弔事」ではありません。

　少なくとも、そのような発想も一提言として課題にさせていただきます。

●要望と希望

　そこで、いろいろな提案をする前に、「要望」と「希望」この二つの言葉を考えてみましょう。どちらも適当に使用してはいませんか？この語感の違いこそ、いろいろな提言をするうえで大切な観点となります。

　要望というのは、「最小限」してもらいたいこと、または「これだけはどうしても」してもらいたいという必要性を示す言葉です。

　これに対して希望というのは、「最大限」の望みということです。そしてそこには「できる限り」あるいは「できる範囲」という、暗黙の条件があります。

　メモリアル・バンケットにおいても、まず「希望」を十分に引き出すことから始めることが大切です。そして、費用をかけなくても

154

工夫してできること、希望を実現するためには費用が別途かかることなど、いろいろな検討を施主側と重ねなければなりません。

　まず希望を十分に聞いたうえで、そこから条件的に望んでいる要望と照らし合わせていくのです。

　葬祭の小規模萎縮は、顧客の「要望」ばかりを聞き入れ「希望」を引き出すようなプレゼンテーションをしていなかったことに問題があります。そのためいつのまにか要望を聞き入れることが顧客対応のベストな姿勢であるというクセがついてしまったように感じます。

　要望と希望、この言葉の使い分けができるようにすることを提案します。

人材教育のためのプログラム

　「習うより慣れろ」の通説が、職人さんの世界には未だにあります。物言わぬ先輩の「技を盗む」ことが修行、という伝統的な考え方もあります。確かにこれも人材教育の一つの観点です。

　葬祭業は主にそのような主観でなされてきました。その結果、作業効率やサービスの資質は向上しましたが、「習う」がないために自分自身の行動の裏付けについては全く説明責任が果たせなくなり、それが業界衰退の大きな要因になっています。

　「慣れる前に習え」、これを人材教育の基本としたいと思います。

●ライブ・イベントでの提案
　メモリアル・バンケットの公開イベントなども模索されています。もちろん対外的には顧客接点を創出する営業目的ですが、その目的の半分以上を、スタッフ研修の実習場面として考えておきたいものです。

イベントを目標に、スタッフ間の会議がもたれると思います。その場では、葬祭観念にとらわれることのない自由な発言と発想が議論されなければなりません。

　メモリアル・バンケットの中心が料理ならば、素材、意味付け、調理方法、盛り付け、配膳手法等々が現在白紙の状態であると言ってよいでしょう。そのためサービスを提供する側も受ける顧客もこれまでの既成の葬祭観念をもとにするしかありません。この際、それを互いに意識しない発想で、新規にキャンバスに描くためのコミュニケーションを図ってみたらいかがでしょう。

　観光旅館の1泊2食の内容も盛りだくさんのお料理をパンフに載せる時代は終わりました。

　研修のプログラムのテーマは、伝統⇒現在、華美⇒質実、形⇒心を基本とします。そこでの知識は、発想の潤いとなります。

●素材の観点としての「餅」

　「餅」は東アジア全域で馴染んでいる伝統食です。米が日常食ならば、餅は非日常の食品として代表的な供物になります。

　この素材について、スタッフ間で議論されるといいと思います。儀式食としての餅、お供えとしての餅など、いろいろな行事に欠かせない存在です。さまざまな場面で馴染んでいる食品ではありますが、至高の神饌でもあります。加工の仕方、形状の工夫、他のアイテムとの取り合わせ、素朴な面から素材としての餅が発する感性を探るのも人材の感性教育になります。

●素材としての人材「専任者」

　専任のスタッフは、メモリアル・バンケットにおける「素材」でもあります。

　バンケット人材としてオールマイティな人材は最も理想的ですが、

それぞれに個性もあり、その特質から見出していく必要があります。

　通常のバンケットとは異なる業種との関連も出てきますので、進んで他業種との交感ができる素養が必要です。

　ホテルマンやブライダルサービスの人材が、その接遇資質の高さやサービス感性を評価され葬祭部門に移入されることがよくあります。しかし葬祭人材がその逆になった事例は極めて少ないのではないかと思います。ただしサービスの対象が遺族か故人か、その点を理解しないままの漫然としたサービス提供には注意が必要です。

　そういうことから、あらためてメモリアル・バンケット部門は、興味を持ってくれる人材を、白紙の状態で素材として研修していくのが良いでしょう。

　将来的には「日常」と「非日常」のサービス観点の使い分けができるような、高度な人材育成になります。

●演出素材の検討と提案

　メモリアル・バンケットの演出といえば、その空間の範囲内でという「場」の限定があります。けれども窓からの景観や夜景も、語らぬ演出の一部であることは言うまでもありません。

　さくらの時期や花火の鑑賞など、その近望もレストランやバンケットルームの大きなセールスポイントです。

　室内では不可能な「窓からの景観」は、工夫次第では自社の演出プランとして可能ではないでしょうか。例えばスカイツリーや東京タワーのオリジナル照明や近隣ビルの窓の点灯文字など、「プロポーズ」のサプライズとしてドラマで見た記憶があります。

　この「窓外」の演出も、先方との交渉によってはいろいろアイデアが提案できます。

　すでに一部の地方ホテルでは、庭が川沿いに面していることから、ガーデンパーティーで「記念の花火」を打ち上げて好評を得ていま

す。これは主に祝賀の行事ですが、個人的な宴会にも花火を打ち上げることが可能であるということです。そのホテルでは、結婚式の披露宴などの際にナレーションを交えて花火を打ち上げます。もちろん設備や法的な許認可、また近隣の了解などを得ての話ですが、それらの演出はすぐにでもメモリアル・バンケットに移し替えができます。

なぜなら花火はもともとメモリアルのアイテムだからです。言ってみれば「お盆の送り火」が元祖。また「線香花火」なども夏の風物詩です。

SNS社会でのコミュニケーション

ネット社会の人材教育については、各個人が多大な情報を個人的に得ることができます。その情報を正確に理解することで、学習の機会はいつでも得られます。

●情報を探して向こうから来る時代
スタッフそれぞれが個別のネットワークを持ち、個別の情報発信が可能な時代です。フェイスブックやユーチューブなどもすでに個人領域のツールです。

企業は企業のネットワークとスタッフ個人が持つネットワークと折り合いをつけながら、自社のアピール構想を模索する必要があります。スタッフの業務に対する心情などが情報として発信されるとそれに共感することで拡散していく場合もあります。

高齢化社会のなかで「新しい生活様式」が組み込まれて、今後は高齢世代でのスマホ利用など、新たな情報の受け渡し先が拡大します。その情報の中で自分の欲しい情報を探り当てていくことにその

情報価値を感じ取ります。つまり自社情報としては、一定の内容表示が必要ですが、それに加えて、極めて詳細な「マニアック」情報も見逃せません。キーワードの工夫により検索しやすくなれば、向こうからこちらを探し出してくれます。これまでのような一方的な押し付けアピールは控えて、多額の費用をかける宣伝広告は見直さねばなりません。

　そのためにはSNS上でのコミュニケーションの場を開放していくことと、ディテールに徹した情報発信が必要です。

●詳細な情報とその蓄積

　研修内容の公開や了解が得られれば、メモリアル・バンケットの部員映像などが動画発信されていくことで事例理解が進みます。ただし、簡潔な編集が必要です。

　同時に、スタッフへのインタビューやその働きぶりなどの動画も興味のあるところです。そしてそれらは極めて簡略に、シンプルに制作できる時代です。

　部門拡充のための人材教育の中に、そのような運用ができる基礎的な知識研修も必要です。

　ある町工場は、何の変哲もないネジを手作りで制作している職人技を徹底的に紹介しています。その人物の執念、生きざま、日々の生活なども淡々とドキュメントしているのですが、そのネジを必要とする人にとってはそこにたどり着いた到達感があるはずです。

　これはネジの価格というよりも、その職人さんの人生の価値を購入するわけですから、もはや経済的効率のカテゴリーからは異質な需要が生まれます。

　おそらくこのような「職人さん」は調理部門だけではなくサービスの古参の中にいるはずです。その人の業務紹介を詳細に発信するだけでも、自社全体の企業理念が伝わるかもしれません。

これからの課題

　葬祭業界は、施行規模の縮小化と会葬者数の減少によって大きな岐路に立たされています。前述したように、葬祭施行の形骸化と惰性化、また業界に対する近寄りがたい忌避意識が温存されたことで、葬儀はこれまで安易なビジネス指向で営まれてきました。

　これらはすでに十数年来の異業種進出によって大きく改変されました。それが価格の明朗化であり、価格競争に向けられたことは確かです。消費者の意識もそのようなことか経済的な監視意識が啓発されてきました。これは一面正しいことであったかもしれませんが、伝統や習俗価値に対する無関心も大いに増長させました。

　その中で施行形態の多様化、例えば白木祭壇から花祭壇などへの意匠変遷が図られました。しかし結局は「祭壇」そのものにおける価値の説明がなされないまま、低価格と支払いの相克が相乗して今に至ったといえます。祭壇そのものが必要のないものとして排除されてしまったということです。

　これらを振り返れば、いかに現業のアカウンタビリティ（責任説明）が、研修や育成の中で必要なことであったかを、教訓としなければなりません。

　メモリアル・バンケットの拡充基本は、この点にあります。

～モンゴルのメモリアル・バンケット事情～

　遊牧民のお国柄で、馬や羊などの乳製品や油が料理の素材となっています。

　墓地では埋葬の周辺に馬乳酒などを撒いたりします。

　寺院や家の仏壇などの灯明も、いわゆるバターを燃料とした灯芯に火がともされています。そして灯明自体が供物となっています。

　振る舞い料理としては、干しブドウの入った米飯や小麦粉をバターで揚げた菓子などが供されます。果物などは多くが輸入品なので、高級品として供物や振る舞いに使われます。

　このように、郷土やそこでの行事、中でも冠婚葬祭にかかわる人生儀礼においては、さまざまな飲食がなされているのです。

　風土やそこでの生活の中で繰り広げられる、その節目のアクセントとしての行事食からその意味や慣例を学ぶことができます。それをもとにいろいろな現代的アレンジが工夫されるとメモリアル・バンケットとしての価値が高まり、新しい宴席の提案ができます。

　お料理はまさにその中心的な課題です。

附　章

来場者のマナー

身支度

　ご存知のように喪服は黒で統一しますが、喪主や親族、近親者、葬儀委員長など主宰者側の場合は、より正装が求められます。

　男性の場合は、正式には正喪服である黒の羽織袴か、黒のモーニングコートです。ただし、通夜では着用しません。ただ、一般的な葬儀では準喪服であるブラックスーツを着用する人がほとんどです。

　女性の場合は、正喪服の着物もしくは洋装です。洋装の場合は、スカートはひざ下からくるぶしまでの丈で、詰まった衿元と長袖が原則です。

　一般的な葬儀の参列者は、ダークスーツや準喪服が望ましいでしょう。通夜の場合、以前は駆けつけてきたという意味合いもあって略喪服でも構いませんでしたが、近年は通夜の方に弔問者が多く、準喪服の方がほとんどです。

　女性の洋装は、黒であることはもちろんのこと、シンプルなデザインで、ワンピース、スーツ、アンサンブルなどです。生地は光沢がないもので、肌が透ける素材も避けます。インナーも、男性は白のシャツですが、女性の場合白はお祝い用になってしまうので、黒が原則です。ストッキングも、黒が基本です。

　バックも光沢のない布製で、シンプルなデザインが望ましいでしょう。不祝儀袋や数珠が入るくらいの小さなサイズが主流ですが、これではお財布や携帯電話が入らない場合がほとんどです。最近は、葬儀場に持ち込んでも違和感のない黒のトートバックが販売されています。普段にも使えるので準備しておくといいでしょう。

　靴も布製が正式です。革製品は殺生につながるので以前は避けら

164

れていましたが、最近は革の靴がほとんどです。とはいえ、やはり
布と革では光沢に差があり、今は安価で布製の靴が買い求められま
すので、一足は準備しておかれてはいかがでしょうか。また、歩い
ていて音がしてしまうのは避けましょう。静かな会場内では意外と
響いてしまいます。

　ヘアスタイルは、できるだけ小さくまとめます。髪飾りも控えめ
なものが望ましいでしょう。
　アクセサリーは、ジェット、オニキス（黒）、パール（白・黒）
のネックレスとイヤリングが基本で、ネックレスは一連です。指輪
や時計も控えめなデザインが望ましいでしょう。
　お葬式は急なことが多いので、華やかなネイルの処置に困る方も
珍しくありません。普通のポリッシュネイルであれば、自分でオフ
をして、ベージュに塗り替えます。しかしジェルネイルは、ネイル
サロンでなければオフができません。その場合は、ジェルネイルの
上にベージュのポリッシュを塗り重ねるといいでしょう。黒の手袋
であれば、お焼香の時だけ外すので、ネイルがあまり目立ちません。
一組あると安心なので、準備しておかれることをお薦めします。
　全員が黒一色の場面では、靴下やストッキング、ハンカチなど細
かなものでも他の色だと目立ってしまいます。丁寧に身支度を整え
ましょう。

　ただし、ホテルや会館などでのお別れの会では、他のお客さまへ
の配慮もあり、黒を基調としたファッショナブルな装いが好まれる
傾向があるようです。

正喪服男性 （資料提供　一般社団法人　日本フォーマル協会発行 「フォーマルウェア・ルールブック」より抜粋）

シャツ&タイ
レギュラーカラーの白無地。 カフスはシングル・ダブルどちらでも可。 タイは必ず黒無地。

ベスト
上衣と同素材の黒。白衿は取り外す。

MOURNING COAT
モーニングコート

その他・アクセサリー
カフリンクスはシルバー台で、黒い石又 は真珠。チーフや靴下など、その他の小 物はすべて黒で統一。数珠以外の喪章は 喪主、近親者のみで良い。

サスペンダー
黒のサスペンダーでスラックスのライン を美しく。

スラックス
ダーク系のコールズボン。縞が太く派手 な印象のものは避ける。

靴
黒の紐結びで、靴底の薄いストレートチ ップやプレーントウなどが最適。

♔ スタイル
男性の正喪服の基本的な装いは、黒のモーニングコート。大きな規模の葬儀、告別式に着 用。喪主、親族、近親者の立場の人が着用する。通夜には着用しない。

166

正喪服女性

帽子
宗教により異なる。キリスト教では黒の帽子や黒のベールを。

アクセサリー
ジェット、黒のオニキス、黒・白の真珠などの一連のネックレスにイヤリングで。指輪、時計も控えめに。

バッグ
黒で目立つ飾りが少なく、光沢のない布製や革製。数珠、袱紗が入る程度の大きさ。

スカート
膝の隠せるニー丈からアンクル丈（くるぶし丈）までの間で選ぶ。

その他・アクセサリー
手袋はシンプルな黒の布製。ストール、ケープはその場に応じて。

靴
黒のパンプスタイプで、光沢のない布製やカーフなど。

BLACK FORMAL DRESS
ブラックフォーマルドレス

♛ スタイル

ローブモンタント（仏）を原型とした、ワンピース、スーツ、アンサンブルなど。シンプルなデザインで季節を問わず光沢の無い素材で、色は黒に限る。シンプルなデザインでつまった衿元と長袖が原則。夏であれば、6～7分丈でもよい。ストッキングも黒、コートも黒。

準喪服男性

BLACK SUIT
ブラックスーツ

シャツ&タイ

レギュラーカラーの白無地。カフスはシングル・ダブルどちらでも可。ネクタイは必ず黒の無地や織り柄。法事タイはダークグレー。

その他・アクセサリー

チーフや靴下は黒。その他黒を基本に金属は全てシルバーに統一。

靴

黒でプレーントウ、ストレートチップで。

♛ スタイル

スーツはシングルかダブルで、スリーピース着用の場合、ベストも必ず黒で。喪主は通夜にモーニングコートを着用できないため、ブラックスーツとなる。

準喪服女性

BLACK FORMAL SUIT
ブラックフォーマルスーツ

アクセサリー
ジェット、黒のオニキス、黒・白の真珠など。

バッグ
小型のもので、黒で目立つ飾りが少ないデザイン。
素材は光沢のない布製、又は革製。

スカート
通常の丈よりもやや長め。

その他・アクセサリー
衿元のスカーフやストールも光をおさえた黒。黒の手袋は着用自由。
ストッキングは、黒又は肌色。

靴
黒で飾りの少ないパンプス又は紐付きも良い。

♛ スタイル
黒を基本としてワンピース、スーツ、アンサンブル、パンツスタイルなど。地味めであれば、レース使いや、その時々の流行を取り入れることも可。

略喪服男性

DARK SUIT
ダークスーツ

シャツ
レギュラーカラーの白無地。カフスはシングル・ダブルどちらでも良い。

ネクタイ
黒無地か黒の織り柄ネクタイ。法事タイはダークグレー。

その他・アクセサリー
靴下は黒。その他黒を基本にした小物を。

靴
黒のプレーントウ、ストレートチップなど。

♛ スタイル
スーツの色は、ミッドナイトブルー、ダークグレーなど。柄は、無地又はそれに近いものが良い。光沢のある素材や大柄なものは避ける。

略喪服女性

DARK SUIT
ダークスーツ

アクセサリー
ジェット、黒のオニキス、黒・白の真珠など。

バッグ
黒で小型から中型までの光沢の少ない布又は革製。爬虫類は不可。ツーウェイタイプが便利。

その他
衿ぐりの大きいものは、黒のスカーフなどを利用する。
ベルトはコーディネイトのアクセント。

靴
黒・紺・グレーなどの飾りの少ないパンプス。ブーツも可。

♛ スタイル
色は黒に限らず、グレーや紺などの地味な色目であれば良い。無地感覚であれば、織り柄、チェック、ストライプでも可。派手にしない様袖無しや衿ぐりの大きいものなどは避ける。但し、小物を黒に統一する。

不祝儀袋

　不祝儀袋の種類と表書きは、仏教、神式、キリスト教、無宗教など宗教や宗派によって変わります。白無地が基本で、蓮の柄が入っているものは、仏教式のみに使います。神式は「御玉串料」など、キリスト教は「お花料」などです。宗教が分からないときは「御霊前」にするといいでしょう。

　いずれの場合も名前は薄墨で書き、ボールペンは使いません。また、不祝儀袋の価格と中に入れる金額のバランスが大切です。

　中袋への配慮も大切です。あらかじめ出席者が分かっている結婚式などと違い、お葬式では喪主や施主が不特定多数の会葬者を把握することは簡単ではありません。後日主宰者が整理しやすいように、中袋に金額、住所、名前を漏らさず書く心遣いが求められます。慶事では中袋の表中央に金額、裏左側に住所と氏名を書きますが、弔事では中袋の表は無地で、裏の右側に金額、左側に住所と氏名を書きます。

　上包みの折り方も、慶事と逆で、下向き（上の折り返しが手前）になります。お札も慶事と異なり、新札ではなく、少しシワになっている旧札が良いとされています。中袋を開けた時に、お札の肖像が裏側になるように入れます。

　不祝儀袋は、弔事用の袱紗に入れて持ち歩きます。

　受付では、一礼ののち袱紗を下に添えた形で不祝儀袋を渡します。

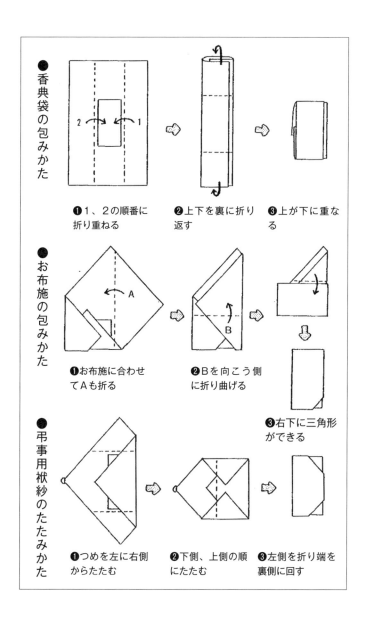

● 香典袋の包みかた

❶1、2の順番に折り重ねる

❷上下を裏に折り返す

❸上が下に重なる

● お布施の包みかた

❶お布施に合わせてAも折る

❷Bを向こう側に折り曲げる

❸右下に三角形ができる

● 弔事用袱紗のたたみかた

❶つめを左に右側からたたむ

❷下側、上側の順にたたむ

❸左側を折り端を裏側に回す

通夜への弔問参列（仏教）

　訃報通知を受けた場合、通夜の時間と場所を確認します。

　途中道案内をお手伝いしている人もいます。会場の確認をして向かいます。

　着席参列される場合は、15分位前には到着しておきましょう。弔問焼香だけであれば、時間内に伺います。やむを得ない事情で時間外になる場合は、準備が整っていないこともありますので、お香典などは直接喪主にお渡しします。

　お詫びをし、礼拝合掌して早々に退出するのがマナーです。

受　付　式場に到着したら受付をします。斎場によっては複数の葬家が通夜施行をしていることもあり、家名の確認などが必要です。
　一礼した後、袱紗から香典を出し、芳名帳に記入します。最近では、カード式の記名方式もあり、記入後カードと共に香典を受付に差し出します。

参列者着席　着席を案内されたら、指定された場所に座ります。

開式の辞(僧侶入場)　数珠を持参していたら手に持ちます。

読　経

ご焼香　ご遺族ご親族のご焼香に続き案内順に焼香します。
　焼香後は通夜振る舞い席に移動する場合と、
　自席に戻る場合があります。

　　　　焼香後に僧侶が法話・説教をすることがあります。

| 閉　式（僧侶退場）| 　僧侶を見送ったら、数珠をしまいます。

| 通夜振る舞いの席に移動 |

　　　　ご慰労、浄め、ご接待などいろいろな意味合いが
　　　　ありますが、時間があれば少しでも箸をつけるこ
　　　　とが、故人の供養になると言われています。特に
　　　　挨拶のない場合は自然散会ですので、帰りがけ、
　　　　会葬御礼状と返礼品を受け取り退出します。

＊「告別式」での立ち居振る舞いも、通夜に準じます。

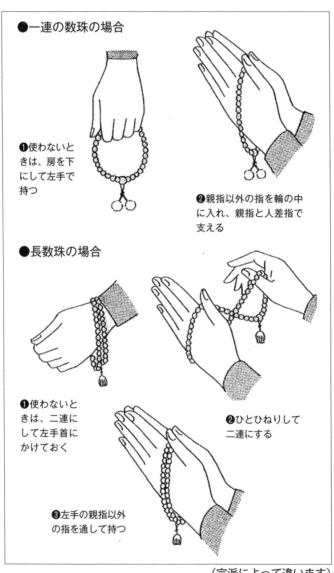

●一連の数珠の場合

❶使わないときは、房を下にして左手で持つ

❷親指以外の指を輪の中に入れ、親指と人差指で支える

●長数珠の場合

❶使わないときは、二連にして左手首にかけておく

❷ひとひねりして二連にする

❸左手の親指以外の指を通して持つ

（宗派によって違います）

176

●座礼の焼香

❶祭壇前で遺族と僧侶に一礼

❷位牌・遺影を仰いで合掌

❸香をつまみ、目の高さに頂く

❹香をくべる

❺もう一度合掌する

❻遺族と僧侶に会釈して下がる

●立礼の焼香

❶祭壇前で遺族と僧侶に一礼

❷祭壇に一礼し香を頂く

❸香をくべて合掌

❹遺族と僧侶に一礼して下がる

●回し焼香

❶次席の人に一礼する

❶膝の上に香炉を置いて まず
焼香をする

❸香炉を次席の人に回す

❹祭壇に向かい合掌

神葬祭

　数珠の持参は必要ありませんが、神葬祭でも個人的に数珠を持っている人は多く見かけます。あまり気にすることではないでしょう。
　服装は、仏教と同じく喪服を着用します。
　神葬祭でのお香典の袋は、蓮の絵柄などは使用しません。水引は一般的には黒白か双銀で、表書きは「御霊前」「御玉串料」などです。
　また、挨拶で「冥福」「成仏」「供養」という言葉は使いません。死に対する考え方が仏教と神道では異なるので、仏教的な表現や言い回しには注意が必要です。お焼香はしませんが、前に進み出て玉串を捧げます。その際、枝元を神殿に向けます。

キリスト教葬

　葬儀は故人が所属していた教会で行われることがほとんどです。
　葬儀と告別式は、別々に行います。
　お悔やみの言葉は不要です。キリスト教は死に対する考え方は、仏教や神道とは違い、永遠の命の始まり、また神のみもとへの旅立つ祝福という考え方もあります。
　「安らかな眠りをお祈りいたします」のように、故人の安寧を祈る形が一般的です。讃美歌の合唱などは、教会の進行に従います。
　献花の流れは以下の通りです。
　1．両手で花を受け取った後、
　　　右手で花側を持ち左手で茎を持ちます。
　2．遺族に一礼して献花台に進みます。
　3．茎を祭壇に向けて、献花台に捧げます。

花が自分の方を向く形です。

4．一礼して黙祷します。

5．前を向いたまま数歩下がり、遺族に一礼して席に戻ります。

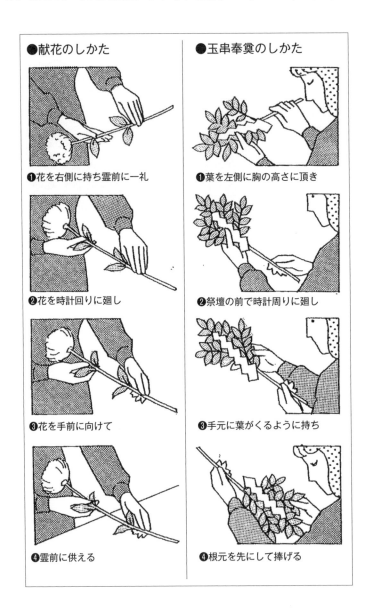

●献花のしかた

❶花を右側に持ち霊前に一礼

❷花を時計回りに廻し

❸花を手前に向けて

❹霊前に供える

●玉串奉奠のしかた

❶葉を左側に胸の高さに頂き

❷祭壇の前で時計周りに廻し

❸手元に葉がくるように持ち

❹根元を先にして捧げる

おわりに

　葬祭業務において、大きな価値の交換と利益の移動がなされました。これは当然ながら、時代の変遷と密接にかかわっています。

　また、社会状況への不安は、災害や人災の困惑に戸惑いながら、その都度、私たちの思考も変化してきました。

　しかしながら、「変えなければならない意識」や「変えてしまった方がよい意識」があるなかで、「変えてはいけない意識」もあります。それが素朴な供養観ではないかと思います。

　メモリアル・バンケットを提唱するのは、そういう想いから変えてはいけないであろう意識を受け継ぎ、その手法を新しいイメージで提案していきたいと思ったからです。またそこにビジネス的な機会があるということも見逃せません。どうか本書をご活用ください。

　なお、本書制作にあたり株式会社キクロス出版プロデューサーの山口晴之さん、東洋大学非常勤講師　遠山詳胡子先生をはじめ、関係各位のご助力に対しまして、厚く御礼申し上げます。

二村祐輔

《著者 プロフィール》

二村　祐輔

日本葬祭アカデミー教務研究室 代表（『葬祭カウンセラー』認定機構）
東洋大学国際観光学部 非常勤講師
葬祭実務に約18年間従事。一般家庭から大規模な社葬に至るまで2千数百件の事例
体験。1996年に独立し現在に至る。関連企業の業務・営業研修や斎場ホールなどの新
設にも広く関与。2006年都内専門学校に「葬祭学科」を創設。（文科省認可）行政主
催セミナーなどでの講演活動で全国に出向き年間100か所を超える。『宴会サービス
の教科書』（共著、キクロス出版）、『セレモニー・イベント学への招待』（共著、晃洋
書房）、『60歳からのエンディングノート入門』（東京堂書店）、『自分らしい逝き方』
（新潮新書）など葬祭業界に向けた著書多数。

《コーディネーター》

遠山　詳胡子

株式会社エムシイエス 代表取締役
東洋大学国際観光学部 非常勤講師
NPO法人FBO（料飲専門家団体連合会）儀典オーガナイザー
東洋大学大学院国際地域研究科 国際観光学専攻 博士前期修了
「業界の常識は世間の非常識」という観点で、全国の企業や団体から研修や講演を求
められ各階層を対象に指導する傍ら、東洋大学などで教壇に立つ。ホテル専門誌、ブ
ライダル専門紙などで連載多数。『宴会サービスの教科書』（共著、キクロス出版）、
『骨太サービスを創るメンタルマネジメント』（オータパブリケイションズ）、『「でき
る部下」を育てるマネージャーは教えない！』（キクロス出版）など、ホスピタリテ
ィ産業に向けた著書多数。

「葬祭サービス」の教科書

2020年10月29日　初版発行

著者　二村祐輔

発行　株式会社 キクロス出版
　　　〒112-0012　東京都文京区大塚6-37-17-401
　　　TEL.03-3945-4148　FAX.03-3945-4149

発売　株式会社 星雲社（共同出版社・流通責任出版社）
　　　〒112-0005　東京都文京区水道1-3-30
　　　TEL.03-3868-3275　FAX.03-3868-6588

印刷・製本　株式会社 厚徳社

プロデューサー　山口晴之

© Futamura Yusuke　2020 Printed in Japan

定価はカバーに表示してあります。乱丁・落丁はお取り替えします。

ISBN978-4-434-28157-0　C0063

本書を読まずに、「返礼ギフト」は語れません

インターナショナル・ギフト・ショー主催

芳賀久枝 著

四六判 並製　本文192頁／本体1,800円（税別）

ギフトは人から人への贈り物です。そこには、相手に喜んでもらうため、相手に気持ちを伝えるための、贈り手の思いが込められています。贈る側と贈られる側の心と心をつなぐ物、それがギフトです。この点、店頭でそれを売る側も、贈り手の思いが伝わるからこそ、商品を丁寧に扱い、包装やラッピングにも気持ちを込めます。これは買い手と売り手が店で直接顔を合わせるからこそできることです。「ギフト・ショー」はまさにそういう場所です。新商品をはさんで買う側と売る側が直接対面することで、細かいところまで交渉が可能な中身の濃いビジネスができます。

（本文より）

第1章・ギフトと日本人／第2章・ギフトと市場
第3章・ギフトと流通／第4章・「ギフト・ショー」
最終章・ギフトの攻略法

一般・婚礼・葬祭に求められる「知識と技能」

NPO法人 日本ホテルレストラン経営研究所　理事長　**大谷　晃**
BIA ブライダルマスター　**遠山詳胡子**
日本葬祭アカデミー教務研究室　**二村祐輔**　共著

A4判 並製・本文 240 頁／本体 3,300 円（税別）

レストランや宴会でのサービスは、スタッフと共に、お客様と向き合いながらこなす仕事です。決して一人で黙々とこなせる仕事ではありません。ゆえに、一緒に仕事をする上司やスタッフと連携するための人間関係がもとめられます。お客様に十分に満足していただくための技能ももとめられます。宴会サービスは、会場設営のプラン作りから後片付けに至るまで料飲以外の業務が多く、また一度に多数のお客様のサービスを担当するので、レストランとは全く違ったスキルが加わります。お客様にとって宴会は特別な時間であるゆえに、失敗が許されないという厳しさもあります。そこでいつも感じるのは、宴会サービスの幅広さと奥深さ、そして重要性です。知識や技能を習得し、それを多くの仲間たちと共有しながらお客様に感動を与えるこの仕事ほど、人間力を高める機会に溢れた職種はないと感じます。　　（はじめにより）

第1章・サービスの基本／第2章・宴会サービス／第3章・婚礼サービス／第4章・結婚式の基礎知識／第5章・葬祭サービス

「企業宴会や婚礼宴会の創り方」がここにあります

（一社）日本ホテル・レストランサービス技能協会
テーブルマナー委員会委員長

石井啓二 著

四六判 並製・本文 224 頁／本体 1,800 円（税別）

宴会セールスは、施設がおかれた場所や状況によって、ノウハウは異なります。また、地域によってローカルルールや風習による違いもあります。しかしながら細かい所は違っても、大切にすべき根幹は変わらないはずです。営業である以上、最も大きく優先されるのは売り上げを作ることです。それも持続できることが大切であって、そのためには品質の保持、向上、顧客の満足度に応じた展開、他社との差別化など、さまざまな課題が待ち受けています。本書はその問題に応えたマニュアル書で、すべての宴会関係者が、長い間待ち望んだものです。

（はじめにより）

第1章　宴会セールスは「人間関係」で決まる／第2章　宴会セールスのマーケティング／第3章　「スタッフ」を売る／第4章　宴会セールスの営業戦略／第5章　打ち合わせ／第6章　施行当日／第7章　お身体の不自由なお客様への対応／「幹事さん」のためのワンポイントアドバイス

誰も知らない「ブライダル司会者」の世界

全国司会者ネットワーク
全日本ブライダルMCアライアンス（BMCA）
会長 恋塚 太世葉 著
A5判 並製・本文224頁／本体1,800円（税別）

話のプロは多方面にいます。しかし結婚披露宴の進行役は、きれいな話し方に特化したアナウンサー的存在でも、原稿に忠実なナレーター的存在でも、語り上手な噺家的存在でも、感情を込めドラマを演出する俳優的存在でもありませんし、そしてブライダルの知識を備えた評論家的存在でもないのです。
披露宴会場内では「司会者」と呼ばれ、その要件は、上手にきれいに適切な言葉で話せることが大前提で、しかもその上にブライダル用語の使い分け、知識、ノウハウが伴った姿です。
ブライダル司会者には決まり切ったマニュアルがありません。そう考えると、将来に渡ってロボットが司会をすることもないでしょう。だからこそ、益々技量を磨き、新郎新婦、列席者に寄り添う司会者でありたいと思います。（あとがきより）

「サービス人」ができる事をぜひ知ってもらいたい！

メートル・ドテルが創る
奇跡を呼ぶ
レストランサービス

レストラン タテル ヨシノ 総支配人
田中優二 著

コーディネーター 遠山詳胡子

「食の世界」を愛する人たちに
ぜひ知ってもらいたい！
我々サービス人ができる事。

レストラン タテル ヨシノ 総支配人
田中優二 著
コーディネーター 遠山 詳胡子

A5判 並製・本文200頁／本体2,000円（税別）

レストランのサービスは、奥が深い。
オーダー一つとっても、お客様の様子を感じ取り、お客様の要望を伺い、満足していただけるメニューを提案することが、求められる。そのためには、当日のメニューの把握と、それを的確に伝えるための膨大な知識とコミュニケーション能力、ワインとの組み合わせ、当然語学力も必要となる。料理を提供する時には、無駄なく美しい所作と、時には目の前で料理を仕上げる技術が必要となる。顧客ともなれば、お客様の好みや体調などを鑑みて接客するのは、当たり前のことである。

（はじめにより）

第1章　メートル・ドテルの仕事
第2章　メートル・ドテルへの道
第3章　レストラン タテル ヨシノ
第4章　田中優二を支える人々
第5章　フランス料理の世界

おもてなしの現場はここにもあります

スタッフを育て、売上げを伸ばす
日本料理の支配人

NPO法人 日本ホテルレストラン経営研究所
理事長 大谷 晃／日本料理サービス研究会 監修

NPO法人 日本ホテルレストラン経営研究所
理事長 大谷　晃／日本料理サービス研究会 監修

A5判 並製・本文336頁＋／定価3,200円（税別）

本書には日本料理の特徴である、四季の変化に応じたおもてなしの違い
や、食材から読み取るメッセージ（走り、旬、名残）など、日本の食文化
を理解するポイントをたくさん盛り込みました。基礎知識やマナーだけ
でなく、日本料理店や料亭の役割、和室の構成、立ち居振る舞いや着物
の着こなしに至るまで、通り一遍ではない、「おもてなしの現場」に役
立つ情報も積極的に取り入れました。支配人や料理長、調理場、サービ
ススタッフ、それぞれの役割についても解説します。　（はじめにより）

**第1章・日本料理の基本を理解する／第2章・日本料理と飲み物（日
本酒・日本茶）／第3章・日本料理の作法を知る／第4章・日本料理
の接遇／第5章・支配人の役割／第6章・メニュー戦略と予算管理／
第7章・おもてなしの現場／第8章・本当の顧客管理／第9章・食品
衛生と安全管理／第10章・お身体の不自由なお客様への対応**

スタッフを育て、売上げを伸ばす

中国料理サービス研究家　ICC認定国際コーチ

中島　將耀・遠山詳胡子 共著

A5判 並製・本文292頁／本体2,800円（税別）

今、あなたのお店は満席です。入口の外側まで、お客様が並んで、席が空く
のを待っています。そんな混雑状況こそ、マネージャーの腕の見せ所です。
まさに嬉しい悲鳴、の状態ではありますが、むしろそのパニックを楽しむぐ
らいの、心のゆとりが欲しいものです。では、そんな心のゆとりはどこから
生まれるか。それには十分な知識と、多彩な経験が必要になります。経験ば
かりは、教えて差し上げることはできませんが、知識と考え方なら、私の
歩んできた道の中から、お伝えできることもあるでしょう。そんな気持ちで、
この本を作りました。

（はじめにより）

●中国料理の常識・非常識／●素材と調味料の特徴／●調理法を知る／
●飲み物を知る／●宴会料理とマナー／●料理の盛り付けと演出／●中
国料理のサービス／●マネージャーの役割／●メニュー戦略と予算管理／
●調理場との連携／●サービスの現場で／●本当の顧客管理／●商品衛
生と安全管理／●マネージャーの人材育成／●信頼関係を構築する法則／
●コーチングマネージャー／●目標設定7つのルール／●メンタルヘルス／
●職場のいじめ／●ユニバーサルマナー

「日本茶の伝道師」だから分かる「おもてなし」

日本茶インストラクター・東京繁田園茶舗 本店店長

繁田　聡子（はんだ　さとこ）著

四六判 並製・本文 136 頁／本体 1,400 円（税別）

日本茶インストラクターの二期生として、様々な経験を積むことにより、日本茶の魅力と奥深さに心惹かれるようになっていきました。

日本茶の持つ素晴らしさを、多くの方々に少しでもお伝えできればと願っています。

本書では、「お茶のおいしい淹れ方」や「日本茶にまつわる色々な話」を書いていますが、どうぞ、ご自分なりのお茶との素敵なつき合い方を見つけて下さい。

あなた流の楽しみ方に、日本茶はきっと応えてくれるはずです。

（はじめにより）

日本で働きたいと考えている留学生にお勧めの教科書です

総ルビで読みやすい

知らずで読みやすい　初心者にやさしい
旅館ホテル・観光の**教科書**
Ryokan
Hotel
Tourism
NPO法人 日本ホテルレストラン経営研究所
理事長 大谷 晃／上席研究員 鈴木はるみ 編

NPO法人 日本ホテルレストラン経営研究所
理事長 大谷　晃／上席研究員 鈴木はるみ 編

A4判 並製　本文184頁／本体2,800円（税別）

これから「観光大国」となる日本では、日本に来る外国人旅行者に日本らしい旅行を楽しんでもらい、また日本人にも素敵な国内旅行を体験してもらうための幅広い知識が求められている時代です。またゲストが外国人というだけでなく、一緒に働く仲間や上司が外国人というのも、珍しくない時代です。
この教科書では、日本の旅館・ホテルの代表的な特徴を学び、「日本の観光ビジネス・日本のおもてなし」を理解していくことを目的としています。日本特有のおもてなし文化を理解し、シーンに合わせた心づかいの大切さや、文化や風習の違う海外からのお客様をおもてなしする知識を身に付けます。
　　　　　　　　　　　　　　　　　　　　　　　　　（はじめにより）

第1章　日本の観光ビジネスの概要／第2章　日本の宿泊施設の分類
第3章　組織とスタッフの業務／第4章　専門職に求められるスキル
第5章　実務の基礎知識／第6章　日本の作法

女将とスタッフたちが創り出す唯一無二の「日本の宿」

サービスを超える極意
「旅館ホテル」の
おもてなし

NPO法人 日本ホテルレストラン経営研究所
理事長 大谷 晃／上席研究員 鈴木はるみ 監修
「旅館ホテル」おもてなし研究会

A5 判並製　本文192頁／本体2,800円（税別）

旅館ホテルの役割は「お客様を幸せ」にすることです。特別な場所で幸せな気分を心ゆくまで味わっていただくことです。お客様が旅館ホテルに求めるものは日に日に高くなっています。「おもてなし」に磨きをかけていく旅館ホテルだけが、この先、生き残るものと思われます。基本を理解した上で、自館なりの「おもてなし」を実施することが、他館との差別化にもつながると確信しています。同時に、スタッフを大切にする職場づくりもますます重要になってきます。スタッフが心地良く働いてこその旅館ホテルです。　　　　　　　　　　　　　　　（はじめにより）